四海同根

白云区人和镇华侨文化史话

中共广州市白云区人和镇委员会 编

中国·广州

图书在版编目（CIP）数据

四海同根：白云区人和镇华侨文化史话 / 中共广州市白云区人和镇委员会编. 广州：南方日报出版社,2024.12. -- ISBN 978-7-5491-3034-4

Ⅰ.D634.1

中国国家版本馆CIP数据核字第2024199C2S号

SIHAI TONGGEN

四海同根

编　　者：中共广州市白云区人和镇委员会
出 版 人：周山丹
责任编辑：蔡　芹　周丹丹
封面设计：知识空间
责任校对：阮昌汉
责任技编：王　兰
出版发行：南方日报出版社
地　　址：广州市广州大道中289号
经　　销：全国新华书店
印　　刷：广州市人杰彩印厂
成品尺寸：170mm × 240mm
印　　张：12.75
字　　数：180千字
版　　次：2024年12月第1版
印　　次：2024年12月第1次印刷
定　　价：68.00元

投稿热线：（020）87360640　　读者热线：（020）87363865
发现印装质量问题，影响阅读，请与承印厂联系调换。

本书编委会

主　　　　任：刘国华

执 行 主 编：张丹莉

执行副主编：黎秀锋　　范智瑜

编　　　　委：罗　敏　　吴雷红　　杨浩权　　曹炽林
　　　　　　　杨柱财　　曹镜清　　苏伟明　　沈惠文
　　　　　　　黄　伟　　陈德稳

封 面 题 字：张振林

序

张应龙

广州是中国最大的都市侨乡，广州辖区内的地方侨乡主要有番禺、白云、花都、增城等。白云区目前已发展成为广州面积最大的中心城区，海外华侨华人多达30余万，归侨侨眷侨属25万余，分布在世界五大洲50余个国家和地区，白云籍侨团有80多个，其中12个是百年侨团。人和镇是广州重点侨乡，尤以鸦湖、蚌湖为重点。人和侨乡的形成与广东其他地方一样，约形成于19世纪末，发展于20世纪上半叶。近三十年来，随着广州社会经济和都市化的快速发展，人和镇实现了从乡村侨乡到都市侨乡的华丽转变。

在这一历史演变过程中，海外人和侨胞的地域认同也逐步发生变化。早期人和华侨习惯称自己是"番禺人""禺北人"，或称自己是"鸦湖人""蚌湖人"。2011年，我访问新西兰惠灵顿番花会馆，那些老侨自称祖籍地是"北番禺""上番禺"。而在加拿大温哥华，白云区先侨建立的地缘会馆叫"禺山总公所"。随着番禺成为广州市辖区，"北番禺"的地缘认同逐步退出，取而代之的是白云区。如今，人和侨胞一般称自己是"人和人"或者"白云人"了。从乡村侨乡蜕变为都市侨乡，必然对其原来的文化光谱产生影响，这些由乡村侨乡蜕变过来的侨乡，其文化光谱以乡村文化为底色，以都市文化为主色。白云区人和侨乡是研究从乡村侨乡到都市侨乡蜕变的优秀样本，因此，研究人和侨乡文化的变迁无疑具有重要的学术意义和现实意义。

改革开放以来,广东侨乡研究取得了丰硕的成果。在20世纪80至90年代,广东各地编撰了许多地方华侨志,这些华侨志都单列侨乡的章节,论述当地的侨乡文化。不过,还是有很多侨乡没有编撰华侨志,而镇级侨乡的研究尤为薄弱,因此,《四海同根——白云区人和镇华侨文化史话》的编撰和出版,既是可喜可贺又是难能可贵的。

《四海同根——白云区人和镇华侨文化史话》全书由四章构成,第一章为"侨乡筑梦",第二章为"四海开拓",第三章为"侨团春秋",第四章为"情系桑梓"。四章各有侧重、各具特色,又遥相呼应、结成一体。作者克服资料匮乏的困难,重点叙述人和侨乡的形成和发展、人和国际移民的历史与现状、海外重点侨团和主要代表人物,以及不同时期海外乡亲对侨乡的贡献等。其文字流畅,图文并茂,可读性高,是一部难得的乡土侨乡文本。

该书的谋篇布局和书写有三个特点。一是以史话的形式,比较灵活地阐述人和侨乡在移民活动、社团组织、华侨与侨乡关系等方面的情况。这既不同于学术著作的规范,也有异于地方志书的体例。它以扎实的史料和明快的笔触,使读者得到愉悦的阅读享受。二是聚焦人和侨乡的研究。全书大约用了四分之三的篇幅叙述人和侨乡的起源和变化发展。即使第三章是研究社团的,也主要是论述蚌湖乡保安和华侨通讯处和鸦湖乡华侨幸福会这两个立足本土的社团,而不是像一般做法一样,以叙述海外侨团组织为主。三是点面结合,突出重点。该书除了一般性叙述之外,重点对蚌湖乡保安和华侨通讯处、鸦湖乡华侨幸福会、大钟楼、著义小学校等进行了深入的研究。通过对这些重点对象的挖掘和研究,进一步揭示了人和侨乡的文化特征和历史禀赋。

作为重点侨乡,人和在外侨胞人数约20万人,分布在30多个国家和地区,其中以加拿大、新西兰和秘鲁为代表。如论人数,则数加拿大、新西兰占多。如论在当地华社的影响力,则以秘鲁最为突出。1912年,蚌湖乡保安和华侨通讯处就是加拿大华侨发起成立的,发起人数达1000余人。而在秘鲁,戴宗汉、沈根源等一批著名人和籍侨领和企业家，为秘鲁社会经济发展作出了突出的贡献，在秘鲁华社中拥有很大的影响力。海外人和杰出侨领既是人和侨乡的骄傲，也是人和侨乡文化的特征之一。

以前人和在国外的乡亲很多人从事农业工作。"农缘"似乎是人和华侨另一个重要历史传统。早期到新西兰的人和华侨在淘金热之后转向专业种植蔬菜瓜果，经营菜园成为人和华侨的主要职业。为了维护权益，他们还成立了新西兰华侨农业总会。在世界范围内，由华人成立农业协会的例子是非常少见的。时至今日，华侨华人在新西兰经营农业园的仍然不少。在秘鲁，大名鼎鼎的侨领戴宗汉，因对秘鲁农业发展作出了重要贡献而被秘鲁政府授予勋章。到了当代，人和新移民续写种植垦荒的传统，如在厄瓜多尔克维多，人和镇新移民伍氏姐弟就经营着规模宏大的种植园。可以说，农业是人和籍华侨华人几代人接力奋斗并取得傲人成绩的领域，并成为人和侨乡的历史文化传统。

这本书所蕴藏的知识是非常丰富的。我对白云区或者人和侨乡的情况，接触较早但了解不多。在20世纪80至90年代，因经常参加广州市侨史活动和翻阅《穗郊侨讯》等侨刊，对白云区侨情有了一点认识。后因编撰《华侨华人百科全书·侨乡卷》，曾经有一段时间收集白云区的侨情资料，其中鸦湖、蚌湖、龙归等地的侨史引起了我的注意。大约二十年前，在荔湾区侨办干部的陪同下，我曾专门到和平西路、梯云东路等地方寻找当年保安和华侨通讯处、鸦湖乡华侨幸福会和广安（洪记）华侨通讯处的遗址。十多年前，我作为广州华侨博物馆筹建顾问，曾经到过人和、龙归调研，还建议把幸福会老招牌赶紧收进博物馆。在海外调研侨情时，我曾经访问过番花会馆、禺山总公所、秘鲁通惠总局、新西兰华侨农业总会等社团组织，见到一些人和侨胞。在厄瓜多尔克维多调研时，我还去过人和侨胞经营的种植园参访。于是，我对人和侨乡的印象也就慢慢丰满起来，但还是比较碎片化。通过阅读这本书，我对人和侨乡的历史文化才有了更生动、更详细的认识。

由于这些年我在主编《广东华侨史》，因此，自然联想到，如果我们跳出人和看人和，将人和侨乡放在更加广阔的背景下比较，那么人和侨乡文化的亮点会是什么？

在我看来，蚌湖乡保安和华侨通讯处和鸦湖乡华侨幸福会是人和侨乡文化的主要亮点。蚌湖乡保安和华侨通讯处成立于1912年，鸦湖乡华侨幸福会成立于1916年，他们都是以广州为基地。这两个通讯处起初是作为侨汇信函的转驳处，后来逐步扩大功能，兴办实业，捐助家乡公益事业，集侨汇、通讯、住宿、慈善等事务于一身，这在华侨社团组织中是罕见的。有了通讯处，人和华侨出国时可先到位于荔湾的通讯处暂住，等候船期。而回国时也会到通讯处歇脚，顺便置办一点货物，再返回乡下。人和镇距广州市区商业繁华地区毕竟有几十千米之遥，在交通不便的时代，出国和回乡很难"一气呵成"，需要中转和接驳。这是通讯处的独特优势。更为重要的是，通讯处在新中国成立后继续发挥作用，积极帮助家乡发展教育，创办医院，兴办各种慈善公益事业。历经百年，愈来愈旺。人和侨乡的华侨通讯处，是国内与国外的桥梁，是乡村与都市的联结，是经济与社会多种角色的复合体，是研究华侨社团组织的独特样板，值得我们深入研究和探讨。

当然，人和镇在都市化进程中，其文化正在不断发生变化。如何从都市侨乡的视角研究人和侨乡的文化变迁和产生的新特点，将是未来研究白云区包括人和镇侨乡的重要方向。

是为序。

2024年11月

（作者系中国华侨历史学会副会长、广东省政府《广东华侨史》编修工作领导小组副组长兼编委会主编、暨南大学华侨华人研究院教授）

前 言

　　广东濒临南海，毗邻港澳，自古就是我国对外经济和文化交流的重要窗口。开放，是深深融入广东血液的基因。近代以来，历数广东发生的重大事件，都与开放有关。华侨华人过番下南洋、异国创业最多的是广东，戊戌变法、辛亥革命的领军人物在广东，率先改革开放、创办经济特区、赶超"亚洲四小龙"的是广东。开放，让广东始终挺立在时代发展的潮头。

　　华侨华人是推动广东开放大业基业长青的生力军。来自广东省人民政府地方志办公室的权威数据显示，至2022年底，广东有3000多万海外侨胞，占全国海外侨胞人数一半以上，分布世界160多个国家和地区；省内约有8.8万名归侨、3000多万名侨眷，主要集中在珠江三角洲、潮汕平原和梅州等侨乡地区以及23个原华侨农场所在地。作为中国重点侨乡和侨务资源大省，广大海外侨胞是推动广东高质量发展不可或缺的重要力量。

　　白云人和华侨华人群体的形成和发展可谓源远流长。其地处广州近郊，地理区位优越，广州母亲河流溪河蜿蜒而过，是南迁族群融入岭南水乡的水陆要津，内外交通往来历来十分频密。从更开阔的视野来看，广州是驰名中外的千年商都，又是中国民主革命的策源地和中国改革开放的排头兵。早在1000多年前，广州就是"海上丝绸之路"的一个起点。100多年前，近现代中国进步的大门就是在这里打开。在这种极具开放性色彩的人文地理环境之中，孕育和诞生类似人和这样的侨乡，正可谓天时地利人和。

对于海外华侨华人的开拓发展的整体进程而言，白云人和华侨华人群体仅是其中一朵绚丽多彩的浪花。中国的前两次移民潮出现在19世纪中期到20世纪40年代初。经过19世纪中期的两次鸦片战争，帝国主义列强迫使清政府批准大量中国劳工前往西方国家及其殖民地，中国人从此开始走向世界各地——从东南亚到美洲、非洲、欧洲和澳大利亚。第一次世界大战结束之后到第二次世界大战在太平洋地区爆发之前，东南亚经济一度繁荣，进一步刺激了对劳动力的需求，而中国移民刚好满足了这项需求。第三次华人移民潮始于20世纪80年代，是当时全球移民浪潮的一部分。从人和华侨华人群体的形成和发展历程来看，其与三次移民潮的大进程基本相吻合。但从微观层面看，人和华侨华人群体的形成和发展也有其自身特征，诸如贯穿始终的发挥亲缘乡缘的核心纽带作用，发掘和开辟生存发展新空间的眼光和能力，海外侨居地与故乡祖居地往来十分密切等。

无论是在海外筚路蓝缕、奋力开拓，还是返故里回报桑梓、投资兴业，白云人和华侨华人群体呈现出了较为独特的精神气质，即"爱国爱乡、敢为人先、开放包容、自强不息"的文化品格，这既与白云人和这块土地上拥有较为深厚的历史文化底蕴而华侨华人加以传承弘扬有关，更与人和华侨华人群体数代人落地生根、融通四海的实践经历相关。我们可以看到，在早期人和华侨华人的海外艰辛创业中，尤其是在新西兰、秘鲁、美国、加拿大等国家或地区，他们既展现了勤劳朴实的一面，又展现了团结互助的一面，更展现了敢于抗争、敢于争取自身合法合理权益的另一面，集中呈现出了自强不息的特征。而在第一代、第二代逐渐在侨居地或住在国逐步站稳脚跟后，第三代及至后人们敢于主动融入社会主流，开创拓展出农业之于秘鲁，果蔬业之于新西兰的发展新天地，这尤其体现了敢为人先的特征。

白云人和华侨华人群体形成和发展与人和侨乡的形成和发展，

近乎发生在同一时段。侨乡的形成，不仅意味着华侨华人和侨眷的经济、文化和社会等综合力量有明显和引人注目的影响力，还意味着必须是继续产生华侨并同世界各地华侨华人继续保持现实联系的地区。与之相伴，华侨华人社团则成为其中一股自发且强大的牵引力和推动力，推动侨乡的形成和发展。在人和侨乡的形成和发展过程中，禺山总公所、爱群社、中华通惠总局、幸福会、保安和等知名侨团可谓厥功至伟。其中，数代优秀的侨领依托侨团，让身在海外的乡侨们抱团取暖、形成合力、心怀家国。

"集侨胞之力，兴千秋之业"，兴办教育是白云人和华侨华人群体情系桑梓、心怀家国的重要承载和具体体现。从20世纪20年代起，一批富有远见卓识的人和华侨华人即率先垂范，大力资助家乡兴办现代学校。自那时起，无论是在艰苦卓绝、战火纷飞的革命战争年代，还是在热火朝天、激情燃烧的社会主义建设时期，还是在波澜壮阔、生机勃勃的改革开放时代，人和华侨华人捐资助学可谓源源不断，其深远意义影响至今。白云人和华侨华人群体从兴办教育出发，逐渐扩散到公益慈善、城乡建设、兴办实业、文化传扬等领域，成为推动家乡现代化发展的重要力量。

习近平总书记强调，实现中华民族伟大复兴，需要海内外中华儿女共同努力。把广大海外侨胞和归侨侨眷紧密团结起来，发挥他们在中华民族伟大复兴中的积极作用，是党和国家的一项重要工作。侨务工作一直是党和国家的一项长期性、战略性工作，始终与国家发展大局息息相关，与经济社会发展紧密相连。文化认同是更深层的认同，文化力量是更持久的力量，期望本书的策划出版能够起到一点抛砖引玉的作用，让社会各界去深度了解和领悟白云人和华侨华人群体始终与祖国和家乡同呼吸、共命运的时代印记，让经历过时间沉淀的"爱国爱乡、敢为人先、开放包容、自强不息"的文化品格，在更广阔的时空范围里阐发其价值和意义。

目 录

第一章　侨乡筑梦 / 001

　　一、华侨华人的兴起　/ 002

　　二、白云侨乡的由来　/ 018

　　三、白云侨乡的人和印记　/ 032

第二章　四海开拓 / 055

　　一、人和华侨在秘鲁　/ 056

　　二、人和华侨在北美　/ 070

　　三、人和华侨在新西兰　/ 078

　　四、人和华侨在南洋　/ 087

第三章　侨团春秋　/091

一、广州知名侨团的人和印记　/093

二、幸福会的前世今生　/110

三、保安和的峥嵘岁月　/123

第四章　情系桑梓　/139

一、大钟楼：百年风雨传薪火　/140

二、著义小学校：千秋家国一梦牵　/157

三、百花齐放春满园：人和乡侨兴学办教小记　/166

四、一枝一叶总关情：人和乡侨扶助发展小记　/173

参考文献　/185

后　记　/189

第一章

侨乡筑梦

华侨华人是中国历史、当下和未来一个特别的现象。世界各地有几千万海外侨胞，大家都是中华大家庭的一员。长期以来，广大华侨华人是推动住在国同中国各领域交流合作的桥梁，也是推动近现代中国经济社会发展的重要力量。回顾历史，华侨华人始终展现出爱国爱乡的气质和品格，传承和弘扬了中华文化和中国人精神。近年来，国家多措并举，凝聚侨心、汇聚侨力，推动华侨华人在中国人民同世界各国人民的交流合作中发挥更大作用。

一、华侨华人的兴起

中国是世界著名的文明古国，中国与外国，中华民族与海外民族的联系与交往，可谓自古而起。据史籍记载，自秦汉至隋朝，中国即通过陆路与中西亚、南亚的国家发生密切联系，通过海路与日本、东南亚直至印度洋沿岸国家产生交往，古代丝绸之路历史悠久，源远流长。

唐代以前，中外政治经济文化的频繁交往为华侨出国创造了前提条件，而唐宋时期航海技术的进步和海外市场的扩大，则直接导致了一批中国商人侨居海外，由行商变为住商。至明代，南洋各地已经广泛分布有中国侨民，南洋的爪哇岛和苏门答腊岛甚至出现了中国人自己的村落。

自明中叶至鸦片战争近三百年间，中国人移居海外人数迅速增加，除早期的经商者外，到海外寻求生活出路的劳动人民尤其是沿海地区贫苦农民的比重大为增加。这一时期，南洋成为华侨出国的主要目的地，如爪哇的巴达维亚、万丹（下港）、马来半岛的森美兰、彭亨、槟榔屿、暹罗（今泰国）的北大年、大成、宋卡、麟廊、越南的河仙、会安、堤岸、吕宋（今菲律宾）的马尼拉等地。这一时期，在华人集中的区域，华侨社团和华侨领袖随之产生，华人迁居形成了一定规模。

如前所述，尽管中国人移居海外的历史上溯超过千年，但华人大规模移居海外，即当代意义上的"华侨华人"，却是从1840年鸦片战争以后才逐渐成型的。有学者粗略估算，自鸦片战争后到中华人民共和国成立，百余年间，出国谋生的中国人数量至少有1500万，中国沿海省份以及边境地区的穷苦人民，以空前的规模侨居到世界各地，从而奠定了当代华侨华人的基础和规模，形成了别具一格的华侨文化。

（一）近现代以来的华侨出国潮

鸦片战争后，近代中国在帝国主义列强的蚕食下一步步地陷入半殖民地半封建社会。国内封建剥削早已使得各地农民陷入贫困境地，而鸦片战争后资本主义侵略的步步深入，又加速了自然经济的解体，大量失地破产的农民背井离乡，成为到处流离迁徙的"流民"，其中相当一部分，特别是沿海各省的失业半失业劳动人民被迫到海外谋生。

当时，西方殖民者正在加紧开发他们在东南亚、美洲、非洲等地的殖民地。东南亚的锡矿开采、橡胶园开辟，各殖民地的烟草种植、香料栽培以及城市、码头、港口、道路等基础设施的建设，对劳动力的需求大增。而这些中国失业半失业的劳动人民，则正好成为外国殖民主义者眼中理想的廉价劳动力。

○ 与清政府签订《蒲安臣条约》的美国使团（1868年）

◎ 上船准备远渡重洋的契约华工

除经济原因外，政治上对中国人远赴海外的限制解除，亦是华侨华人形成的重要原因。清王朝曾坚持海禁上百年，但鸦片战争和一系列不平等条约的签订，标志着"天朝上国"美梦的破灭。与之相连的则是中外沟通的渠道开始逐渐扩大，华侨大规模出国的客观限制正是在这种背景下逐步解除的。

1866年，英国、法国与清政府签订招工章程条约，允许英、法籍人士在中国招募劳工。1868年，清政府在同美国签订的条约中明确规定："大清国与大美国切念民人前往各国，或愿常住入籍，或随时往来，总听其自便，不得禁阻。"这名义上是双边的出入境自由和长期居住条例，但在当时的情况下，则为美国单方面从中国掠夺劳动力提供了合法依据。上述原因的叠加，形成了半殖民地半封建的社会背景下近代中国人出国的高潮。

这一时期的华侨出国，以契约华工为最主要的方式。表面上看"契约"讲明了到外国务工的地点、工作性质、年限、工资数额等，但实际上这些所谓的"契约"和"条款"是不平等的和单方面的，在当时的社会背景下，本质上就是一纸"卖身契"。即使部分以"自由出洋"为名的出国华侨，实际上也大多签订了赊欠旅费和发生债务的相关契约，他们为了偿还债务必须无条件做工。因而，这些早期出国的契约华工又被称为"猪仔"或者"苦力"，这一类贬低人格的称呼像一块烙印，让契约华工的身心备受伤害。

据学者估算，自19世纪50年代起至20世纪初，我国至少有700万契约华工前往世界各地。南洋是他们的最主要去向，而新加坡则成为转运华工的最大中心。据不完全统计，从1881年至1930年，到达海峡殖民地（特指新加坡和马来亚部分地区）的华人共约830万人，契约华工占了近600万人。在1845年到1874年间，运往秘鲁、古巴、智利、檀香山的契约华工，有数字可查的达四五十万人，同一时期前往美国的华工则超过13万人；从1904年至1910年，运往南非开采金矿的华工超过7万人，同一时段赴沙俄的华工则达55万多人。

◎ 东南亚种植园中的华工

这些早期出国的华侨，虽然不得不遭受重重苦难，受到殖民者、资本家的剥削，不少还面临所在地的排华浪潮，但是他们没有自怨自艾，没有放弃对更好生存环境和生活条件的追求，而是在极其艰难困苦的条件下表现出了自强不息、百折不挠的精神，通过自身努力为所在地的经济社会发展作出了相当大的贡献。

在东南亚等地，华工们开采锡矿，种植烟草、橡胶，开田辟荒，支撑起了这些地区农业从无到有的第一波发展。在古巴种植甘蔗，在秘鲁采集鸟粪，在巴西种菜，在墨西哥种棉花，成了当地社会经济发展不可或缺的力量。

带有脚镣在秘鲁甘蔗园劳动的契约华工

华工在秘鲁采集鸟粪

在美国和加拿大等地，华工们修铁路、淘金矿，参与建设巴拿马运河等，为这些地区社会基础设施的建设贡献了巨大的力量。在这个过程中，相当一部分华工通过多年的辛苦劳作，最终得以挣脱契约的束缚，成为当代意义上移民外国、扎根当地的第一代华侨华人。随后因各种原因出国的华侨华人们，很大一部分就是通过投靠这些海外的亲朋好友出去的，他们往往先在亲友经营的生意中帮忙打杂，取得微薄收入养家糊口，待学会一些生存技能后，或通过亲友介绍往他处务工，或稍有积蓄后自行创业，一步一个脚印地拓宽华侨华人的生存发展之路。

◎ 修建巴拿马运河的华人劳工

◎ 加州淘金热潮中的东西方淘金者

20世纪20年代以后，契约华工的数量虽逐渐减少，但在民众生存的经济压力下，自主选择出国谋生的华侨人数仍然众多。据《南洋华侨与闽粤社会》记载，1934年至1935年，在我国闽南、粤东10个县因经济原因出国的华侨仍占近70%，依托在南洋的关系者虽数量大涨，但占比还不到总数的20%。究其原因，广东福建沿海历来农村人多地少情况严重，无地、失地的农民只得被迫出国谋生。此外，这一时期一些革命党人在国内无法立足，不少被迫转到了国外。据《华侨出国史述略》记载，1918年至1931年间，仅从汕头、香港两地出境的华侨就达到380万人。

整体来看，华侨出国热潮在20世纪30年代以后逐步开始回落。究其原因，一方面由于世界性经济危机的席卷，使得世界各地对劳动力的需求减少；另一方面则是因为南洋等多地采取了更加严格的限制华侨入境政策，甚至发生排斥迫害华侨的风潮，使得国人有所担忧而不敢前往。自此以后，华侨出国热潮不复存在，甚至在某些特定时期，返国人数还大大超过出国人数，不过也有特殊年份因战乱影响出国人数有所回升。

（二）当代华侨出国现象及特征

中华人民共和国成立后，民众大量出国的历史现象基本宣告结束。但华侨华人作为一种特有的历史和文化现象仍然广泛存在，而且呈现出了与过往不同的特征。

首先，华侨出国随着其身份地位的改变而发生了显著变化。第二次世界大战结束后，各国国籍法和移民法逐步健全，很多国家此前的"排华法案"也随之废除，使得华侨华人在海外的地位上升。如1943年，美国国会废除了1882年以后的各项歧视中国移民的法案。同年，新西兰也废除了"排华法案"。1947年，加拿大废除了一切"排华法案"。1956年，澳大利亚放宽了移民限制，后续又逐步废除了过去的"排华法案"。华侨华人在上述这些国家获得了相对平等的生活工作和竞争的机会后，原先所广泛根植在他们内心的"落叶归根"的思想有所退潮，开始转为思考如何更好地在当地长期生活。

与此同时，中国不承认双重国籍的决策，从另一个方面加速了华侨融入当地，实现身份转化。1955年4月，中国政府派出代表团参加万隆会议期间，我国政府同印度尼西亚政府签订了关于双重国籍的条约，明确"按照本条约规定选择了印度尼西亚共和国国籍，即当然丧失中华人民共和国国籍"，实际上意味着我国不再承认任何形式的双重国籍。

自那时起，广大华侨华人进一步加强了长期在住在国生存和发展的信念。为了更好地维护自身应有权益，他们选择进一步深度融入当地，成为住在国公民。这是这一时期华侨出国发展的新趋势和主流。据统计，到20世纪80年代中期，海外华裔中约有90%加入了当地国籍。这一时期出国的华侨，大量是通过婚姻或投靠亲友等方式实现了出国并加入相关国家的国籍。

改革开放后，华侨出国迎来了新的发展。中外交流复归密切，全球化及知识经济时代加速到来。这一时期华侨出国随之迎来了新的形势和新的发展。出国留学等知识型、技术型出国成了这一时期华侨出国的重要形式。

从1978年到20世纪末，我国公派及自费留学人员超过40万，其中至少有30万人留在海外，其中相当一部分加入当地国籍或者获得住在国的永久居留权。西方发达国家对电子信息技术等新产业的人才需求，更加刺激了对技术人才出国移民限制的放松和解除，也为一部分中国人出国创业与就业提供了机会。此外，通过婚姻、家庭及亲属团聚或经商等途径出国的数量呈现增长趋势。据加拿大1996年人口普查显示，华侨华人数量约86万人，其中76%为新移民。上述两种方式，构成了新中国华侨出国的主要形式。

值得关注的是，随着华侨华人在住在国的年深日久，华侨文化在当代得以扩散性发展。早期出国的华侨，以广东和福建等沿海地区为主，因此，早期的华侨文化事实上就是广东、福建地方文化的转化。

唐人街插画

如在北美华侨中广为流传的必须天天洗澡，按时节拜神、舞狮采青，春节欢庆，清明祭祖，死后土葬"执骨"等习俗，都是东南沿海一带风俗习惯的延续。时至今日，北美各地华人聚居区所常见的各式茶楼酒楼、广式点心，无一不是早期广东地区华人外出所创办或合作参与的，显然是广府文化在世界各地影响力的直观反映，也是华侨文化中广府元素的一个直接体现。

> "我中国近代文明进化，事事皆落人之后，惟饮食一道之进步，至今尚为文明各国所不及。中国所发明之食物，固大盛于欧美；而中国烹调法之精良，又非欧美所可并驾。"故"近年华侨所到之地，则中国饮食之风盛传。在美国纽约一城，中国菜馆多至数百家。凡美国城市，几无一无中国菜馆者。美人之嗜中国味者，举国若狂……"
>
> ——孙中山《建国大纲·孙文学说》，1919年

新中国成立以后，华侨身份地位的变化、新出国华侨群体和目的地的变化，同样深刻反映在当代华侨文化上面。一方面，华侨文化同侨居国文化，特别是东南亚等地的文化实现了更大程度的交融，"本地化"和"国际化"的趋势并行。特别是中国不承认双重国籍以后，不少华侨改变了过去只埋头从事经济活动，不问政治与文化的倾向，开始大力推动中华文化与当地文化在更深程度上融合起来。比较著名的如新加坡中华总商会领导华人进行了一系列合法斗争，推动了新加坡正式废除语言限制，使得中文成为该国第二语言。这种海外华侨文化的当地化，有其历史的必然性。

另一方面，尽管海外华侨最多的地方仍是东南亚诸国，但美国凭借其在第二次世界大战后日益领先世界的政治经济条件，吸引了大量新移民。因此，华侨文化中的西方文化色彩亦日渐浓厚起来。特别是改革开放以来，赴美华侨与早期出国华侨以及其他地区的华侨相比，

其文化程度日增，其中高级知识分子和专业技术人员已经逐步成为美国华人主流。华侨文化当代的新变化，尤其体现在其文化中心逐步向北美地区尤其是美国转移，由此也对其坚守自身文化本色提出了新的挑战。

特别是在当前国际形势复杂多变的局势下，如何推动华侨文化走出传统"小圈子"，既要从传统人情文化转化为现代法治文化，更多更好地吸收和体现西方文明中的平等契约精神，又要主动实现华侨文化从海外的边缘性文化向主体文化的转变；既要守住中华文化和而不同、仁义礼智信的价值本色，同时又要在经济政治文化上进入居住国的主流，为中华文化"走出去"，为国家在世界舞台上树立更加可亲可爱可敬的形象而作出贡献，是为当代华侨文化创新弘扬面临的时代挑战和战略机遇。

○ 1955年1月，《星洲日报》关于中华总商会争取废除语言限制的报道

◇ 1984年，纽约唐人街华人庆祝春节

（三）华侨文化的历史意义

在整个中国近现代历史中，因大量民众出国而形成了遍布世界各地的华侨，他们通过与当地人的相交相融，既把中华文化传播到世界各地，又在继承传统文化以及与不同地区文化融合中形成了自身的文化特质。只有清醒地认识到华侨文化中的中华文化血脉和源流，才能准确地回答好华侨文化从哪里来、到哪里去的问题，才能更好地明确传承弘扬华侨文化精神的方向和方法。

首先，华侨文化蕴含着和平基因，从某种程度上是中华文化和平性特征的延展。近代以来出国的华侨华人，往往是受资本主义列强和殖民主义者掠夺而被迫输出的廉价劳动力。即使他们中有的日后实现了社会阶层的跃升，在当地社会中获得了较高地位，但更多的是依靠自身力量，克服一定困难甚至是冒着一定危险而实现的。在很长一段时间里，大量的华侨既没有本国政府作为后盾，对移民国几乎不带有任何的政治目的和动机，更没有把本国的政治经济制度乃至宗教文化强加于人。

华侨无论到什么地方，都是依靠自己的劳动，或垦荒种植，或从事手工业，或经营商业贸易，他们的祖辈几乎没有掠夺别人、奴役别人，他们自身与当地民族友好相处，在生产生活和文化交流过程中，逐步和当地主体民族融为一体，形成了亲密的关系。这与资本主义列强凭借武力征服的殖民活动、依靠政府力量对当地强取豪夺的做法是截然相反的，性质是完全不同的。

华侨和平移民的性质和华侨出国的历史事实充分说明，中华民族是爱好和平的民族。反映在华侨文化上，就是始终同住在国人民保持同舟共济、友好相处的生活实践，就是坚持扎根本地、深度融合的处世方式，就是在工作、生活、文化等各个方面求同存异的精神实质。

其次，华侨文化的勤劳特质十分明显。早期出国华侨绝大多数是普通劳动人民，具有劳动人民的优秀品格，特别是表现出了勤恳实干的劳动精神。出国华侨其主流多数是去国外谋生的农民、手工业者和商人，他们主要是依靠自己勤劳的双手在当地生存下来，他们通过自己的辛勤劳动，为侨居地创造了巨大的物质财富，为开发东南亚、美洲以及其他地区贡献了有生力量。

华侨在国外的艰苦奋斗史和社会地位变化史，也是中华优秀传统文化的鲜活的演绎——"一勤天下无难事"。在出国华侨的身上，劳动创造财富的道理得到了很好地体现。勤奋，正是华侨们为住在国经济社会发展作贡献，为自身和家庭求发展、求幸福的最基本也是最重要的方式和手段。华侨们的这种精神品格，又与中国的劳动人民在内忧外患中逐步形成的崇尚劳动、热爱劳动、辛勤劳动、诚实劳动的劳动精神遥相呼应，共同构筑成以自身劳动和努力，追求美好生活的关键特质。

其三，华侨文化蕴藏着爱国精神，从某种程度上体现了中华文化突出的统一性特征。

华侨文化的基因有着强烈的中华民族共同体意识，蕴含着同心同德追求中华民族伟大复兴的共同愿望。作为中华民族大家庭的成员，海外侨胞与中华大地各族儿女的关系有着血浓于水、命运与共、不可分离的紧密关系，华侨华人是中华民族共同体的重要组成部分，在社会主义革命和建设、改革开放和社会主义现代化建设各个历史时期从未缺席。

1894年，孙中山先生组织的第一个革命团体——兴中会，就是在美国檀香山的华侨中建立的。辛亥革命前，孙中山奔走于美国、日本和东南亚各地，发动华侨襄助革命，得到了广大华侨的热烈响应和积极支持，华侨中的许多人成了中国反帝反封建革命思想的第一批接受者和身体力行者。孙中山曾盛赞"华侨为革命之母"，老华侨中不少人对这段历史亦感触甚多。

在中国共产党的百年奋斗征程中，华侨华人始终与祖国同胞同呼吸、共命运、心连心。海外侨胞声援五四爱国运动，参与北伐和抗日战争，投身国内解放战争，融入救国救民的统一战线，流汗水、淌热血，有的甚至献出了宝贵生命。中华人民共和国成立后，面对祖国百废待兴、百业待举的局面，华侨华人积极帮助祖国建设，留下了段段佳话。

改革开放初期，华侨华人和港澳同胞率先回国投资兴业，带来资金、技术、人才和先进的管理经验，有力地推动了中国改革开放进程。时至今日，侨资仍然是我国引进外资的重要主体之一。来自中国侨联的数据显示，改革开放以来，侨港澳企业约占我国外资企业总数的70%，投资占我国实际利用外资总额的60%以上，引进的海外高层次人才90%以上是华侨华人，海外侨胞捐助国内公益事业占中国民间慈善捐款的半数以上。

历史证明，从古至今、从中而外，华侨文化与中华优秀传统文化和中华现代文明始终保持着深刻的血脉联系，穿越了时间和空间，把共同流着中华血统却远隔重洋的人们串在一起，让中华民族的共同体意识始终生生不息、薪火相传。

其四，华侨文化是一种兼具传承与创新的文化，着力体现出连续性、创新性和包容性特征。一方面，华侨是中华优秀传统文化的继承者和传播者。近代出国华侨，是在中华文明的文化血脉滋润下成长起来的，无论坚守家园还是远渡重洋，自强不息、厚德载物的中国精神，仁者爱人、以诚待人的中国价值，实事求是、知行合一的中国智慧，始终是维系华侨的共同文化情结和家国情怀。在很长一段时间里，华侨多是只身出洋，父母或妻儿老小都留在家乡，安土重迁的传统观念使得他们高度关注自己家乡的发展，增强了他们对祖国的向心力以及落叶归根的意识。他们中的许多人，即使是在海外成家立业，甚至与当地民族通婚融合，在文化传统和风俗习惯上，仍旧保有鲜明的中国特色，甚至传承下来的传统文化要素更多更深。

国外中文学校的开办，就是华侨文化的这种传承与连续特征的最好证明。早在1900年，印度尼西亚雅加达成立了东南亚第一所中华会馆并创办了中华学校。自此，海外的中文学校成了海外华侨继承中华优秀传统文化，维系华侨文化的重要载体。到20世纪中期，这些以中华文化为核心枢纽的华人社团和学校，在几乎所有东南亚华侨聚居区都可以见到。不难看出，早期出国华侨对传播中华民族文化，发扬海外华侨的民族主义精神发挥出重要的作用。

另一方面，华侨同时也是传统文化的革新者。华侨文化对中华优秀传统文化的作用绝不仅仅是单纯地继承与弘扬，还更多地发挥着创新创造的功能。近代以来，华侨是率先走出国门的群体，很多人成为近代以来"开眼看世界"，推广革新文化甚至推动革命的重要力量。在近代中国，先进思想文化在中国的启蒙和传播，华侨是其中的重要甚至是主要的力量。尤其是沿海侨乡地区，在海外华侨回国回乡之日，或在投资家乡报效桑梓之时，他们身上带有的中西交融的文化特点，对传统文化的革新特点，特别是对封建政治的批判思想和对帝国主义、殖民主义的反抗精神，也一并影响到故乡。

当下及未来，华侨文化正面临继承和创新的新课题，其在开放

◎ 创办于1901年的印度尼西亚八华学校

中如何为中国式现代化和中华民族伟大复兴发挥作用，社会各界十分关注。

近一百多年来，全球化大潮从西方向东方、从现代化中心向后发展地区席卷而来，为市场扩张、投资贸易、科技创新所使然，也伴随经济全球化，政治、文化也必然发生相应的变化。时至今天，全球化与民族化、中心化与边缘化、一体化与多元化的矛盾持续发展，意识形态冲突、多元文明冲突、移民文化与本土文化冲突日益激化，具有全球意义的华侨文化正处于这些文化冲突的中心点和交汇点，如何正确处理各方面关系至关重要。这就要求华侨文化要主动适应百年未有之大变局，主动在构建人类命运共同体的伟大理想，在和平、发展、公平、正义、民主、自由的全人类共同价值等中国外交新思想、新逻辑下，找到自身发展的新方向。

二、白云侨乡的由来

白云区的侨乡侨史，源远流长，其成规模出国潮最早可上溯至鸦片战争前后。当时，白云人民除部分较为富有者经营商业外，绝大部分是以耕种土地为生的农民，至多是一些青壮年在农闲时贩运一些农产品，赚取微薄利润帮补家庭支出。然而，鸦片战争过后，清政府为应付帝国主义列强的赔款，对劳动人民开征的苛捐杂税越发增多，使得农村和农民濒临破产。恰逢当时帝国主义在东南亚开辟矿场，于是不少生活贫困和政治上受到迫害的破产农民，就纷纷出国，进而逐渐形成了白云侨乡。

（一）白云区历史沿革

白云区位于广州市的中北部，东邻增城区、黄埔区、天河区，南连荔湾区、越秀区，西邻佛山市南海区，北连花都区、从化区。白云区土地面积795.79平方千米。至2023年末，全区户籍人口122.89万人，常住人口366.68万人。全区下辖三元里、松洲、景泰、同德、黄石、棠景、新市、同和、京溪、永平、嘉禾、均禾、石井、金沙、云城、鹤龙、白云湖、石门、龙归、大源20个街道和江高、人和、太和、钟落潭4个镇，是广州市面积最大、常住人口最多的中心城区。白云区地理区位独特、资源禀赋丰富、立体交通完备、产业链条完善。根据《广州面向2049的城市发展战略》的规划，白云区是广州市实现新一轮跨越式发展的战略支撑区。

据《广州市白云区志》记载，白云区拥有悠久的发展历史。清代，现区境中远郊大部分属于番禺县，称禺北、禺东，整个禺北则属慕德里司管辖，现区境的西南部属南海县，归金利司管辖。1921年，广州正式建市，结束了由番禺、南海分治广州城的历史。中华人民共和国成立以前，白云区境内大部分地区属番禺、南海两县管辖，只有小部分近郊农村地区属广州市管辖。

中华人民共和国成立之初，广州市下辖28个区，其中地处城郊的包括三元、沙河、石牌、新洲、沥滘、芳村等区。不久，又将城西数区的农村部分合并成立西村区。1951年，城郊7个区合并为白云、西村、新滘、芳村等4个区。1956年，广州市决定将白云、黄埔、新滘3个城郊行政区合并成立郊区，同时撤销广州市人民委员会郊区办事处，成立广州市郊区人民委员会。不久，广东省同意将番禺县珠江以北地区划给广州市郊区，计有南岗、萝岗、黄陂、太和、龙归、良田、竹料、钟落潭、九佛、同文、鸦湖、岗楼、蚌湖、嘉禾、神山、江村、石井等17个乡以及1个江高镇。

此后，广州城市建制曾有变化，郊区人和、太和、竹料、钟落潭等4个公社曾并入花县，后在1959年复归郊区建制。郊区本身也经历了撤销分解到重新设立等多个阶段。至1980年，广州市郊区人民政府正式成立。1985年，广州市进一步扩大城区，经国务院批准，划出原郊区部分区域成立天河区和芳村区。1987年1月，经国务院批准，广州市郊区正式更名为白云区，并列入城区建制，这是白云区历史发展的崭新一页。成立至今，伴随城市化进程的加快，以及广州城市发展和治理所需，白云区划略有调整，但整体格局没有发生显著的变化，基本奠定了今天白云区的行政区划的基础。

广州素以"云山珠水"而著称。白云区山、水、城、田交融，风景秀丽，气候宜人，是广州当仁不让的"绿肺"。流溪河、巴江河、珠江西航道穿流境内，加之大小水库山塘点缀，河湖交织，水土丰美，自然生态优良。白云区自身有特殊的深厚历史文化底蕴，屡有名家名作传世。自北宋至清末，涌现了钟玉岩、陈子壮、何玉成、钟瓒、钟狮、钟逢庆、招子庸等一批历史文化名人。

近现代以来，三元里抗英展现出了白云人民不畏强暴、敢于斗争的宝贵精神品格。在大革命、抗日战争、解放战争等革命战争年代，在中华人民共和国成立后的社会主义革命和建设时期，改革开放和社会主义现代化建设新时期，党的十八大以来的中国特色社会主义新时代等各个历史时期，白云大地英才辈出，奏响奋进之歌，成为广州这座英雄城市的重要组成部分。

近年来，白云区围绕"国际枢纽门户、山水智慧城区"的全新发展定位，聚力打造"四大枢纽"，以重大平台为支撑，高标准建设"一园两城三都四区"，打造"6+6"现代产业集群（六大千亿级支柱型优势产业集群：美丽健康、现代都市农业、航空运输与现代物流、现代都市消费、轨道交通、建筑业，六大面向未来的百亿级战略性新兴产业集群：智能汽车、激光及等离子体、新能源、新一代信息技术、设计、文化旅游创意），在以全面推进中华民族伟大复兴的新征程中不断踔厉奋发，作出新的贡献。

（二）白云华侨出国探源

据《广州市白云区志》和《白云区华侨港澳志》记载，白云华侨出国的原因大致有以下五类：

一是生活贫困，为谋生出国。清代中叶以后，禺北地区人多地少，水源不足。清末民初，龙归镇南村与太和镇石湖村农民，就曾因争水灌田而械斗延续五十年之久；鸦湖一带，仅靠挖井水灌田，一遇

◎19世纪末的广州农村，拿着劳动工具正准备出门劳作的农民

○ 加利福尼亚"淘金热"

天旱，农民叫苦不迭，苦不堪言。鸦片战争后，清廷苛捐杂税，多如牛毛，致使农民破产。人祸天灾，使广大劳动人民陷入饥饿死亡的困境，被迫离乡别井，出国谋生。1848年美国加利福尼亚发现金矿之后，龙归、鸦湖等地先后有乡亲到达美国当苦力。龙归乡亲中亦有一部分人先后乘船到加拿大、新西兰等地谋生。至1912年蚌湖保安和华侨通讯处成立，旅居加拿大的蚌湖华侨纷纷捐资。据当时统计，登记入册的已达1711人。1916年鸦湖在加拿大人数已有895人。至清末民初，区境仍有不少农民出国谋生。

二是逃避迫害，流亡国外。清朝咸丰四年（1854年），人和、蚌湖、龙归、太和、石井、江村和三元里等各乡农民，参加了鸦湖人甘先率领的反清起义。据《人和镇志》记载，甘先为岗尾村人，自幼目睹清廷腐败，民不聊生，遂加入反清组织天地会，并成为该会的首领之一。在广东天地会首领陈开起义后，甘先于花县远龙墟竖旗响应。起义军口号为"反清复明"，队伍称"洪兵"，又因头裹红巾，被四

○ 甘先故居（现广州市白云区人和镇岗尾村）

周乡民称为"红巾军"。队伍斗争至第二年春，曾转战湖南郴州等地，但最终失败。甘先被清廷捕杀后，其家乡鸦湖先后被清军杀戮数百人，蚌湖被镇压者也不少。

据蚌湖华侨杨汤城回忆："我曾祖父杨胜龙兄弟六人，其中二人惨遭杀害。我曾看见过我乡的乡志记载，甘先的故乡鸦湖乡曾先后被清军杀戮七百余人，蚌湖乡被镇压的亦复不少。当时只得以银牌镌名置于'金塔'（即骨瓮）埋葬。"当时，一些幸存者和怕受株连的亲属纷纷逃到香港，以契约华工的身份辗转前往南洋群岛、美洲、大洋洲等地寻求生路。此时在新西兰的西德兰和鄂塔哥两大金矿区从事挖金的禺北矿工有200人以上，其中不少人是原来天地会党人（即参加甘先起义的人员）。他们为逃避清廷的通缉，一直不敢回乡探亲，大都长居新西兰，老死他乡。

三是被迫当"契约华工"出国。鸦片战争后，在香港、澳门、广州等地设有为洋商代募华工的客行（被贬称为"猪仔馆"）。白云区无数失去土地的农民，成了西方殖民者诱拐"招募"的对象。白云区被"招募"当"契约华工"的农民，从清末到民初，通过香港、澳门、广州三个港口陆续"应募"前往美国加利福尼亚当矿工,到加拿大建筑横贯该国东西的铁路,到南洋开锡矿,到新西兰开金矿的贫困农民数以千计。从目的地来说,初期赴南洋、新西兰的为多,而后再发展到赴美国、古巴、加拿大、秘鲁、圭亚那等地。如前文所述,契约华工是19世纪到20世纪初,白云华侨出国最主要的形式。

> 清朝咸丰之世(1851—1861),为加利福尼亚省淘金热之高潮,入各坑淘金者以禺北慕德里司之蚌湖、鸦湖乡侨最多。
>
> ——《旅美三邑同乡会会刊》

四是由教会介绍出国。鸦片战争后,欧美等教会各派先后来广州传教,建立教堂,组织教会。1835至1847年,美国的"浸信会""哥老会"先后在广州设立教堂,进行传教。新西兰教派的"长老会"也在白云区江村、高塘、人和一带传教。1901年,教会在高塘墟建立了一座基督教堂,开设了普惠医院、磐基学校、德基女校。他们从白云区侨乡的教徒中培养选拔了一批华人当传教士。早年被延聘到新西兰各华侨区布道的传教士有曹龙、罗恭普、戴进水等20余人。这些华人传教士也介绍了不少教徒到新西兰定居,但这种形式出国者数量并不算太多。

五是靠亲友挈引出国。早期出国的华工,有些人摆脱契约之后有了积攒,回国置田建屋创立家业。这对同乡邻里中的贫苦农民有极大吸引力,逐渐形成靠亲友挈引出国的风气。有部分华侨在侨居地已有产业,当他们年迈之时,一般都要自己的亲人出国继承自己的产业,遂回国办理家人出国。白云区华侨由于亲友、同乡互相挈引出国,在海外的聚居地比较集中于某一村的人群。其中还包括一种"纸姓"关系出国的。所谓"纸姓",就是美国排华期间,中国人为了移民美国而认美国华人为父亲,可能有几个甚至十几个小孩认同一名美籍华人男子为父。这些小孩被美国官方称为"纸儿子"(paper son)。攀认美国华人为父通常要支付一笔费用，所以早年通过认父出国这种方式在侨乡人和一带又称"买纸"。改革开放以后，我国政府放宽了对侨属出国定居的限制，不少侨眷通过合法渠道申请出国。近年来，有些华侨在国外的事业有所发展，也需要自己信任的亲戚、同乡出国协理或帮工，这一种形式出国人数有所扩大。

（三）白云侨乡的形成

由于早期出国华侨家属大都留在国内，因此"落叶归根"思想较浓厚，有了积蓄也必定将钱汇回家乡，用于养家、建屋、置业。那些提携亲友到海外发展的华侨，往往是以同乡同宗为牵引和依托。他们在国外以血缘、地缘而聚集，在国内也就因血缘、地缘而逐步形成一个个侨乡，这就是侨乡的由来。

对于早期出国谋生者而言，寄钱赡养家眷、写信询问平安，是他们最主要的需求所在，因此，家乡就需要有专门接纳海外华侨款项和书信并把信、钱送到家眷手中的机构。1887年龙归南村成立的广安华侨通讯社，1912年蚌湖成立的保安和华侨通讯处以及1916年鸦湖成立的鸦湖乡华侨幸福会都是其中的代表。这些机构的成立标志着侨乡的明确形成。初时，这些机构往往只是办理业务，后续当其中掌握的资金与资源进一步扩展后，广安、保安和等众多机构就不仅仅是帮助寄送侨汇或信件，而逐步参与到华侨购置田产、举办实业，把收入所得投资到家乡福利事业，开办学校医疗，筑桥修路等等，从而进一步促进了家乡经济社会的发展，打下了侨乡发展的物质基础。

华侨回馈家乡的资金，成为侨乡兴旺发展的最初动力。人和墟、龙归墟、高塘墟近代以来的发展兴旺，背后都有华侨、侨汇投资兴业的身影。据《白云区华侨港澳志》记载，人和墟早期只是一个普通的市头，而旅居海外乡亲的侨汇返回家乡，促使这里的消费和人口增加，商店数剧增，从而逐渐发展为人和墟镇。抗日战争中，人和墟被毁，但在热心华侨的集资兴建下，很快就重新兴建起来。而龙归墟原由5个乡合股兴建，以后由华侨陆陆续续开设店铺，逐步形成了一个大村墟，其时龙归的谷米、田料、榨油等生意兴旺，从而成为具有一定规模的龙归墟。高塘墟则是由邻近的蚌湖、高塘、江村等地的华侨开街设店而逐渐形成的。在墟市发展的过程中，相互交通交流的需求也日益增长起来，其结果就是修桥筑路成为华侨从关心眷属"小家"发展为逐步关心家乡建设的最早也是最明显的表现。如龙归镇美国归侨周棠发动华侨和归侨集资开辟广花公路，成立合群汽车公司和南兴汽车公司，开辟了从广州维新路（今起义路）至花县（今花都区）新洲、龙口等地的公共交通线路，打破了侨乡原有的闭塞状态，使得商品流通和社会经济更加发展。广州市郊第一间碾米厂、火柴厂，市郊少见的百货商店、茶楼酒楼等，都纷纷在这些白云侨乡建立起来。

除了经济和物质基础外，白云区侨乡的形成同华侨文化的发展与传播也是分不开的。由于华侨经常往返家乡，还有部分归侨在国外奋斗获取"第一桶金"后又选择回乡定居，这使得侨乡成了华侨文化在白云传播的第一站，也是中外文化融合的早期"试验田"。20世纪20年代以来，龙归、人和、蚌湖等侨乡先后办赠医局，出版侨刊，介绍华侨出国情况，传播华侨文化。如龙归南村的《南风月刊》，鸦湖的《鸦湖乡报》《新鸦湖》（后这两个刊物合并为《乡声》侨刊），蚌湖的《蚌湖月刊》，等等。其在沟

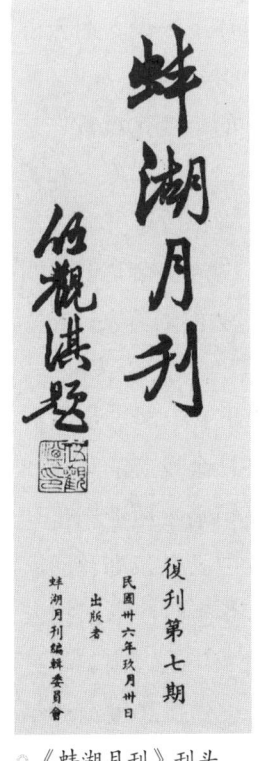

○《蚌湖月刊》刊头

通中外联系,特别是推动民主共和等新文化、新思想方面深入人心。

第二次世界大战的爆发,对于白云的侨乡社会是一种严重的打击和破坏。日本侵略者对中国的入侵尤其是对广州的占领,使得大量华侨工商企业和侨办文教卫生福利事业毁于一旦,广大归侨侨眷被迫逃往海外。但抗战胜利后,得益于华侨集资重建,侨乡社会又重新兴旺。总体而言,对于华侨来说,只要局势稳定、条件允许,他们大部分都愿意以各种形式参与到家乡建设中去。这种来自世界各地的支持力量,往往成为侨乡社会发展的强大动力。

中华人民共和国成立以后,一个团结统一、独立自主的祖国屹立于世界东方,给予了华侨更大地回馈家乡的信心与决心。特别是随着基层革新、清匪反霸等一系列社会改造措施,侨乡社会的总体面目步步向好,加上党和政府十分强调和重视保护华侨利益、落实华侨政策,归侨侨眷的生活事实上比起过往更加安定。总体上来说,白云侨乡从经济、文化、社会等各个方面得到稳定而持续的发展。

从20世纪70年代开始,白云侨乡呈现出了多种的新变化。首先是原来华侨社团机构功能发生了变化。从70年代开始,广安、保安和等侨团机构转接侨汇侨批的功能转交中国人民银行办理;改革开放政策实施后,党和国家的工作重心转移到经济建设上来,社会各界以其鲜明的发展导向逐步推动侨汇主要用途发生改变,即从过去的赡养家计和开始转向投资兴业、经营生产,推动侨乡社会发生了新变化、新发展。

改革开放打开了中国对外交流的大门,也打开了中国进步发展的闸门。对于白云侨乡而言,华侨华人更是其经济社会发展的重要动力。据《白云区华侨港澳志》记载,1985年,江高镇马来西亚归侨开始在家乡投资实业,兴办珍禽养殖场。随后,不少白云乡亲都在回家乡投资兴业之风的带动下,用自己在海外赚取的资金和技术回报家乡。蚌湖加拿大侨眷兴办禽畜场和鸡场14座,当时一年出口肉鸡超过110万只,在改革开放初期即形成了较大的经济效益。在20世纪80年代至90年代,白云区归侨、侨眷利用亲人资助,创办的类似产业数量

○ 1976年2月28日，美国前任总统尼克松及其夫人参观人和养鸡场

繁多，还有部分进一步发展为龙头企业。在侨属专业户、个体户和侨属企业不断发展的同时，海外华侨和港澳同胞回家乡设厂兴业颇为兴盛。如香港友谊公司的周楠，在家乡龙归永兴办起了永兴企业有限公司；圭亚那华侨曹柱宏投资30万元与人和供销社合办制衣厂等。华侨和旅居港澳的侨眷为家乡穿针引线，介绍外商外资到家乡兴办企业和发展"三来一补"（即来料加工、来件装配、来样加工和补偿贸易）产业等，使得侨乡经济得到了进一步的发展，渐次形成今天的规模。

（四）归侨侨眷

据《广州市白云区志》记载，在2000年前后，白云区归国华侨与华侨在家乡的眷属有40多万人，主要集中于人和及龙归地区。亦有因工作调动来白云区的其他外籍归侨，分布于各个镇街。华侨回国的原因主要是落叶归根、告老还乡，也有少部分是因当地排华而被迫返回。在革命战争年代，一批有为青年和非白云区籍的归侨因投身革

◎ 黄民生故居

命，参与祖国建设回到白云区，参与了侨乡的建设和发展。所有这些归侨、侨眷，其共同特点是胸怀家国，在白云侨乡发展的各个历史时期中，都起到了一定的积极作用。

一是奋力革命，为推翻封建统治贡献自己的力量。在孙中山先生领导的民主革命中，白云区旅居海外各埠的华侨出钱出力、支持革命，声望颇高。如蚌湖旅加拿大华侨黄民生在1911年孙中山赴加拿大时就积极发动当地码头工人支持革命，带头认捐。孙中山发现这个青年热情高，工作能力强，遂邀请他回国参加革命，担任自己的侍卫副官。在1922年陈炯明叛变革命炮轰总统府时，他护卫孙中山脱离危险登上永丰舰。孙中山逝世后，他转随李济深，曾在十九路军任营长并参加抗日战争。人和镇高增村旅新加坡华侨骆照、鸦湖乡旅加拿大华侨沈连，亦曾在孙中山赴新加坡和加拿大宣传革命筹款时协助其工作，后回来参加辛亥革命。

二是共赴国难，为民族解放和国家独立事业贡献自己的力量。1931年九一八事变后，白云区归侨、侨眷与全国人民同仇敌忾，参加到抗日战争的斗争中去。知名侨团幸福会捐资3000大洋，支持民众组织抗日自卫队。归侨曹汝浩变卖家产，捐赠给在淞沪抗战奋勇抵抗的十九路军。侨乡不少热血青年走上抗日战场，如蚌湖侨眷杨遂良1931年参加禺北地区抗日组织，出任番禺县第一区民众抗日自卫团第二集训大队长，日寇在大亚湾登陆后，他被调任为第二游击队第四支队队长。蚌湖侨眷朱治平和黄海平为八路军、新四军筹款，黄海平还从香港带领50多名爱国进步青年参加东江纵队，两人于1941年加入中国共产党。龙归侨眷刘公亮1937年北上陕北，后曾在八路军总司令部任职。抗日战争胜利后，白云区归侨、侨眷依然站在历史正确的一边，积极参与、支持民族解放与国家独立的伟大事业。蚌湖侨眷杨湛卢放弃了父亲为其办好的加拿大入境签证，中止了在香港达德学院的学习，回到广东参加中国人民解放军粤赣湘边纵队任第三支队队长，在战斗中献出了宝贵的生命。

◦ 杨遂良（1909年—1975年），
黄榜岭村人

◎ 黄海平（右）、朱治平（中）与陈残云（左）在香港沙田的合影

三是参与建设，为中国的社会主义现代化建设事业贡献力量。中华人民共和国成立后，国家百废待兴，华侨积极回国参与建设事业，成为白云区侨乡的一大特点和优势。蚌湖新西兰华侨杨汤城、杨汝材等把他们集资创办的香港裕侨出入口公司迁到广州营业，更名裕侨漂染厂，杨汝材还投资在广州开设南方钉厂。人和新西兰归侨罗琼，1952年把自己在新西兰经营的100多英亩农场交给二儿子，自己回到广州支持家乡建设，捐资创办了《番禺侨乡月刊》，带头发动华侨认购国家公债，还捐资购买化肥支援家乡农业生产。人和秘鲁归侨曹瑞

洪，在中华人民共和国成立前夕回国开办祥兴酒米油厂，后曾任广州市郊区副区长。特别值得一提的是文学大师陈残云，其为白云均禾石马人。他在抗日战争时期回国参与文化抗战救亡活动，在中华人民共和国成立后写下了数百万字的作品，把浓郁的珠江韵味和丰厚的南洋风情融合在一起，其小说《香飘四季》《热带惊涛录》，电影文学剧本《珠江泪》《羊城暗哨》等，在海内外产生了重要影响，成为南派红色文学的代表人物。1983年，陈残云与杜埃、秦牧等人一起创建了广东省归国华侨作家联谊会，团结了一大批归侨、侨眷作家，为繁荣华侨文学作出了贡献。

这些归侨、侨眷始终心系祖国、心系家乡，即便在一定时期内，遭受到"左"的政策影响，合法权益没有得到很好地保障，也依旧兢兢业业、坚守岗位。党的十一届三中全会后，改革开放的春潮滚滚而来，他们报效桑梓的热情便得到了更全面的激发，成为推动白云区社会经济发展的重要动力。

◎ 电影《羊城暗哨》海报

三、白云侨乡的人和印记

（一）人和镇历史沿革

人和镇位于白云区北部，地处北回归线以南，阳光充足，雨量充沛，气候温和，广州白云国际机场坐落于镇北，流溪河自北向南流经全镇，全镇总面积74.44平方千米，地理区位优越，发展基础优良，是广东省确立的中心镇和典型镇，是广州空港经济区的重要组成部分。

目前，人和镇下辖25个行政村和3个居委会，即汉塘村、东华村、明星村、新兴村、民强村、西成村、矮岗村、凤和村、太成村、横沥村、岗尾村、高增村、人和村、鸦湖村、大巷村、方石村、鹤亭村、秀水村、黄榜岭村、新联村、镇湖村、清河村、南方村、西湖村、建南村，以及人和、蚌湖和穗和3个社区居委会。根据最新轮次的人口普查数据，全镇现有户籍人口110 932人，常住人口218 441人。

人和地区清朝时属番禺县慕德里司管辖，是禺北的重要组成部分。清朝光绪年间，人和地区设同文社和淳风社。1931年，人和地区属番禺县第八区管辖，下辖8个乡，高增乡、鸦湖乡、蚌湖乡在列。1946年，废区并实行乡、保、甲制度，人和地区设置同文乡，辖29保；鸦湖乡，辖32保；蚌湖乡，辖30保，这一区划一直维持到中华人民共和国成立前夕。同文、鸦湖、蚌湖三乡，一直是人和地区重要的组成部分，成为挥之不去的地理印记。

中华人民共和国成立后，人和地区区划几经变更，先后为番禺县、广州市郊区和广州市白云区管辖。1958年，同文、鸦湖、蚌湖三乡成立人和人民公社，并从番禺县析出，归广州市郊区管辖。1987年，广州市郊区改设为白云区，由人和人民公社改设而来的人和区公所撤销，成立人和镇人民政府，下辖汉塘村、东华村、明星村、新兴村、民强村、高增村、人和村、西成村、矮岗村、凤和村、太成村、横沥村、岗尾村、方石村、大巷村、鸦湖村、秀水村、鹤亭村等18个村，人和墟、高增墟合设人和居委会。

同在这一年，拆分蚌湖地区设立蚌湖镇人民政府，下辖黄榜岭村、新联村、镇湖村、清河村、南方村、西湖村、建南村等7个村，以及蚌湖居委会。21世纪初，蚌湖镇撤销并入人和镇，揭开了人和镇改革发展新的一页。随着岁月的流逝，蚌湖、鸦湖以及人和地区其他村庄的地名记忆，逐渐转化为一种独特的人文地理承载，成为人和华侨华人共同的乡愁。

（二）人和侨乡的形成与发展

人和地区自古属于禺北，其在广州近郊，是典型的岭南水乡。清中叶以来，由于人口激增，人多地少，更兼土地瘦瘠，耕作条件差，农民生活比较贫苦。据历史记载，人和早期出国华侨，绝大多数是走投无路的贫苦农民。他们不少是因为朝廷盘剥而朝不保夕，也是受当时十分混乱的社会治安所害，在盗贼猖獗的打家劫舍中丧失掉好不容易积攒的家庭财产。

鸦片战争后，对于底层民众而言，来自封建主义和帝国主义两个方面的盘剥日益加深，人和地区的农民群众不甘剥削，参加甘先所领导的"红巾军"起义，但最终失败而被清廷搜捕，家庭亦受株连，他们在身处险境的情况下，只得被迫漂洋过海、冒死一搏，以求生路，这即是人和华侨海外创业的开端。

恰逢当时西方殖民主义者需要大批廉价劳动力开发其在东南亚、美洲的丰富资源，而中国逐渐沦为半殖民地半封建社会的现实和帝国主义列强在中国势力范围的扩展，则使得这种出国渠道变得比过去一切时代都更为畅通。当时在广州城内外，到处设有所谓的"猪仔馆"。西方殖民主义者在馆内招募"契约华工"，他们声称应招者不用自己准备出国手续，不用自己出分文旅费，到达国外只需要为洋人做工三年左右，还提供食宿和拨付必要的零用钱，做满三年后便可在那里自由找寻工作。更有一些"猪仔馆"还允诺在出国前可给应召人数十元的"安家费"。这样的条件，使得在家乡难以为生的贫苦乡民冒死前往。

"猪仔"是西方人口贩子及其买办们发财的重要工具。因此，他们需要不遗余力地进行劝说游说。当时，除了招募自愿应招的"猪仔"外，还有借口介绍职业，用高薪做诱饵，或伪称索债，强行绑架等形式，把渴望到海外躲避灾难或赚取家用的乡民转化成西方殖民者所需的廉价劳动力。人口贩子往往先把这些"猪仔"囚禁在黄埔港内的趸船舱底，待到积累一定数量后再运往香港、澳门，并通过当地的"猪仔馆"再行贩卖到东南亚、美洲等地。

　　早期"契约华工"的出国之旅是异常艰险的。据《广州市白云区蚌湖志》记载，这些早期出国的乡民，"乘坐的只是三枝桅的帆船"，只能"挤在低矮、阴暗和潮湿的底仓里"，"日常吃的，都是些'咸虾'、面豉和变了质的腊肉"，"即使在途中生了病，也没有医生诊治，只凭各人随身携带的一点成药自救；若经受不住煎熬，在途中重病身亡，就被丢落大海了事"。

　　即便到了海外，等待他们的也是漫长而非人的重体力劳动。大多数早期出国华侨都在矿场、农场或牧场里当矿工或劳动，从事繁重艰辛的体力劳动。尤其是早期到美国"淘金"的华工，大多都是挖掘他人抛弃的矿坑，十有八九是一无所获。金矿淘尽之后，美国开始建设横贯东部和西部的铁路。数以万计的华工参加这个筑路工程。筑铁路的华工日晒雨淋，饱经风霜，工具简陋，或置身于冰天雪地之中，或置身于酷热的荒野之间，其艰难困苦可想而知。倘若在高山峻岭、山野悬崖工作，劈山爆石，生命全无保障。

　　这些"契约华工"便是我们今天所知道的人和地区最初的出国华侨。他们在举目无亲的异国他乡，奋力拼搏、克勤克俭，从来不敢枉费一分钱，凡是自己能够做的都是自己做，以此把自己挣来的血汗钱一点一滴地积攒起来。他们中的绝大多数，在摆脱了"契约"的枷锁后，一部分继续在矿山、农场、工厂店铺及餐馆继续打工，另外一部分稍有积蓄者，便把靠血汗挣来的钱，用来开设小食、杂货、洗衣、理发等小店铺，或耕作果园、菜园。据史籍记载，19世纪末旅居美国

早期华工出洋乘坐的三桅大帆船，俗称"大眼鸡"

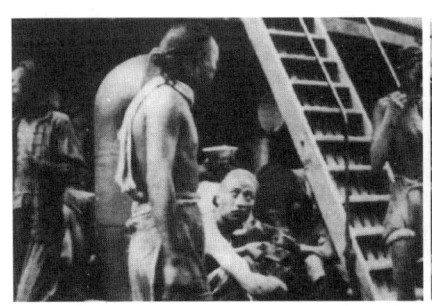

早期华工乘船时的场景

的"三邑"（南海、番禺、顺德）华侨，"番禺籍人约1000人，以慕德里司的蚌湖、鸦湖乡人较多，来自荄塘司者次之，沙湾、鹿步又次之。……若按姓氏序列，最多的是杨、苏、曹三姓。"经过了数十年的艰苦创业，这些第一代华侨到晚年往往有了一定的积累或产业，便办理儿女亲属出国，以继承自己的产业。

事实上，对于早期华侨来说，选择留在当地并非当时华侨出国的主流。早期人和出国的谋生者，一旦签约期满，结束了"卖身"生涯后，再茹苦含辛，干上若干年，稍有积蓄，或托水客和返国乡亲带回家中赡养亲人，或是存足盘缠便回到家乡建新居、娶媳妇。乡人见他们返乡时衣着光鲜，而且生活相对富足，便认为他们在国外挣钱很容易，故称他们为"金山客"。此外，相当一部分回国探亲华侨也都纷纷携带妻儿、亲属出国。所以，当时人和地区的乡民们对出国"走金山"抱有比较大的希望，逐渐形成了一股络绎出洋、远航各国的风潮。这样一来，人和侨乡的雏形初具。

当时的禺北地区，"闯金山"的风气之盛在广州各乡间亦是少有，以至于相当部分华侨的亲友把出国谋生当成迅速发家致富的最好方法，他们通过买"出世纸"或假认亲属，替身出国。这部分华侨出国均以美国、加拿大等发达国家为去向。另一些缺少亲友立足，没有途径通过这种办法出国的乡民，则转向南美的圭亚那、秘鲁、古巴、阿根廷、苏里南等入境限制相对宽松的地区。

20世纪20年代以后，"契约华工"基本退出历史舞台。自这一时期开始，人和地区出国的乡民们，大多有相当的海外关系，而家境又相对较早期的华侨更好。他们多数是由海外的父兄或亲朋好友回国后又带领出国的，到了国外有父兄和亲朋的照顾，不少人获得了在国外学校学习的机会，或者至少是在父兄亲朋的店铺、农场、园地里协助照料，工作生活条件比起早前的出国华侨已经大为改善。

与此同时，随着国外华侨人数的逐步增加以及部分华侨社会地位的上升，华侨们对自己相应的经济社会权益开始有所关注。正是在这样的背景下，成立华侨社团和机构的工作被提上日程，大量存续至今的社团机构都是在这一时期初步组织起来。在出国华侨之间，尤其是同乡之间相互照应已经成为一种不成文的规矩。这一时期的出国华侨，大多都经营或参与自己家族的产业——如餐馆、洗衣店、食杂店、果菜店或农场等。这些出国华侨在夯实了自身的物质基础后，又在当地办学、办电视台、组织剧团，积极传播中华文化。例如，李多九在域多利中华会馆旧址设乐群义塾，后改名为域多利华侨小学，办校90多年来，弘扬中华优秀传统文化，培养了大批的华侨华人人才；温哥华禺山总公所亦设有华侨中文学校，还有醒狮国技班、音乐曲艺组等等；曾任两届禺山总公所副主席的黄滔是颇有名气的振华声粤剧团团长，该团曾多次应邀回祖国内地及港澳演出。

中华人民共和国成立后，人和地区陆续出国的侨胞，多为继承前辈产业，或为家庭团聚，也有部分向往发达国家较为丰厚的收入和优越的生活条件，借助亲朋好友的关系出国定居。部分女青年则通过亲友介绍，与华侨结婚后便合法定居下来。这些出国新方式的出现，推动了人和侨乡的进一步成型。

80年代后期起，亦有不少华侨华人，利用秘鲁、圭亚那等一些南美国家容易申请入境的机会，通过亲戚朋友办理申请入境，然后利用往返时中途转机的间隙，滞留加拿大、英国等一些发达国家谋生。近年来，申请自费出国到澳大利亚、北美等留学的也不少。这些新一代的华侨，他们的父辈在国外已经积累了一定的经济实力，对于侨居国的环境和生活方式的适应能力远强于他们的祖父辈。其中有的在外国出生和长大的青年华侨，他们和侨居国当地少年儿童在生活背景和价值观念上已无太大区别，绝大多数都接受过高等教育。他们的生活方式和工作情况已根本不同于老一辈那样替人打工或经营小商业，以赚钱养家为主并坚持过俭朴的生活，而是全方位地融入当地社会。

新一代的侨民充分利用前辈创下的基业，苦心经营。有的将小店发展为大店，有的将零售店发展为批发店或商场，有的将小食店发展成酒楼、餐馆，也有一些人从经商到办实业，从受雇于外国人，变成雇请外国人。一些有作为的华侨，成了商家、企业家、集团公司董事、农场主、矿场主、律师、医师、工程师，甚至成了侨居国的政府官员，跻身社会主流。

目前，人和华侨已经遍布世界五大洲30多个国家和地区，总人数20余万。这些广大的华侨华人虽然身在异地，但依然情系故乡，为家乡的发展不断作出积极的贡献，人和侨乡的美名在广州乃至广东远播。

（三）人和侨务历史回眸

如今，侨务工作是党和国家一项长期性、战略性工作，与国家发展进程息息相关，与经济社会环境紧密相连。在我国革命、建设和改革开放各个历史时期，广大海外侨胞和归侨侨眷都发挥了重要而独特的作用。

白云区人和镇作为广州著名侨乡，历来重视侨务工作，因时而变、因地制宜、开拓创新，紧紧围绕国家发展大局，密切与海外侨胞和归侨侨眷联系，大力推动海外侨胞参与家乡和祖国各领域的交流合作，不断深化为侨服务的各项举措，为全方位做好侨务工作创造了生动的基层实践，提供了鲜活的人和经验，在形成同圆共享中国梦的新征程中展现人和作为。

人和地区侨务机构始于20世纪50年代，当时侨务工作主要由地方民政部门兼管。1956年，番禺县设立侨务科，并规定各乡由一名副乡

◎ 2023年7月，人和镇派员参加白云区侨联十三届二次全委（扩大）会议

○ 人和镇与加拿大万锦市签订投资意向书

长兼管侨务工作。据《人和镇志》记载，各乡政府都设有一名侨务助理员。1979年10月，由蚌湖、鸦湖、同文三个地区合并组成的人和人民公社特设立侨务办公室，专门负责本地区的侨务工作。侨务机构在反映侨情民意、宣传侨策、团结侨胞、保护侨益、处理侨务等方面发挥了重要作用。

新中国成立初期，在土地改革运动中，由于对政策认识不够明确，有些侨户被错划为地主、富农等剥削阶级成分。人和地区当时在侨务部门的积极配合下，贯彻提前改变侨户（当时含港澳同胞）的地主、富农成分的政策，甄别情况，为绝大多数错划为地主、富农的侨户改变阶级成分，改评定为中农、工人、小商、工商业等，恢复政治权益。是时，蚌湖被番禺县委作为试点乡。据《蚌湖志》（1995年）中记载，蚌湖地区侨户被划为地主成分的有45户，其中改为中农的9户，改为工人的9户，改为小商的18户，改为工商业的2户，改为侨属的3户；被划为富农成分的有22户，其中改为中农的6户，改为工人的11户，改为小商的3户，改为工商业和侨属的各1户。

◎ 厄瓜多尔慈善总会会长伍棣湘、世界蚌湖华侨联合总会会长苏艺夫、温哥华蚌湖联谊会会长苏伟毅等侨领拜访人和商会

在中华人民共和国成立以来的历次政治运动中，由于受"左"的错误思想影响，部分华侨和归侨、侨眷的房屋被错误地没收、挤占、接管、拆毁或无偿使用等，其合法的经济财产权益受到一定程度的侵犯。1978年5月，镇侨务办公室恢复后，人和镇认真落实各项侨务政策，全面处理历次政治运动遗留案件，华侨房屋政策得到落实，冤假错案得到平反，争取了侨心，也重新调动了华侨、归侨、侨眷的爱国热情。据1988年的统计，人和镇共退还侨房270间，面积23 540平方米，补偿房款57万元。对于"文化大革命"期间惨遭迫害的个别侨属，也予以平反昭雪，恢复名誉。

改革开放后，侨务部门还在其他许多方面，采取了保护华侨利益的措施。例如，保护华侨的祖坟，保护华侨祖业拥有的宅基地，优先批地给有需要的华侨建房等，一时吸引了很多华侨回乡建房或购买商品房，或在乡居住，或修建祖居。

○《穗郊侨讯》1986年刊登的退还土改华侨、港澳同胞私房名单

◎ 2022年，蚌湖保安和侨胞之家挂牌成立

　　人和镇执行扶持侨属发展个体经济的政策。引进10万元以内的生产工具，予以免税进口；对有需要的侨属，金融部门予以优先贷放生产资金，使侨属个体经济得以迅速发展。镇相关部门通过多方渠道向华侨介绍投资环境，宣传华侨回乡投资的优惠政策。近年来，回乡投资房地产开发和兴办实业的华侨越来越多。

　　在服务侨胞方面，人和镇侨务部门尽力做好华侨、侨属的服务工作。从侨属出国探亲和移民的咨询到处理来信来访，从协办出入国境和安置救济到代办涉外公证等，切实解决侨界群众最现实、最迫切、最关心的困难和问题，实现好、维护好、发展好广大归侨侨眷的切身利益。

　　除侨务工作机构之外，侨联组织也在侨务工作中发挥了积极作用，是党和政府联系广大归侨侨眷和海外侨胞的桥梁和纽带。侨联组织发端于延安，1940年9月，延安华侨救国联合会成立。中华人民共和国成立后，海外侨胞欢欣鼓舞，纷纷回国参加社会主义建设。为了顺应归国华侨建立全国性侨联组织的迫切要求，1956年10月5日，中华全国归国华侨联合会在北京成立。而后，全国各地的侨联会纷纷设立。番禺县也于这时成立番禺县归国华侨联合会，推选人和秘鲁归侨曹瑞洪任主席，随即设立番禺县归国华侨联合会禺北分会，会址设在鸦湖幸福会所内。

侨联会是群众性组织，通过各种形式和渠道，开展对外联络海外侨胞，对内团结归侨、侨眷的一系列工作。为他们排忧解难，协助政府侨务部门落实各项华侨政策，维护华侨、归侨和侨属的合法权益，如提前改变错划为地主、富农的侨户阶级成分，落实侨房的退赔工作等，同时也担负起联系和接待海外乡侨回国探亲访友、旅游参观、寻根问祖、文化交流和投资经商等工作，如协助华侨及侨属在国内兴办企业或工商业等；还负责侨属和乡亲的咨询及服务，如解答与协助侨眷、乡民办理移民出国、留学、探亲、旅游及侨胞回国定居等事务。侨联会以亲情、友情、乡情去温暖海外赤子之心，用事实、行动去激发他们热爱祖国、热爱家乡的感情，争取海外华侨对祖国和家乡建设

◎ 1994年，人和镇召开第五届归侨侨眷代表大会

◎ 侨务咨询活动

◎ 人和镇代办公证的人员在为侨眷办公证

及公益事业的支持和襄助。

　　侨联四海，同心筑梦。人和镇坚持"请回来"与"走出去"相结合，主动联络海外侨团和华侨，以联欢、联谊、座谈会、传统节日、重大庆典等方式加强与归侨侨眷的联系，进一步凝聚侨心、发挥侨力。每年春节、端午节等传统节日，人和镇通过举行华侨新春茶话会、主题座谈会，向旅外乡亲介绍家乡的发展状况，广泛征询他们对振兴家乡的大计和继续做好侨务工作的意见。

在重点建设项目的奠基、剪彩等重大庆典活动中，许多华侨和港澳同胞都应邀专程参加，或利用回乡探亲之便积极参加。1993年春

○ 20世纪80年代，每逢春节蚌湖都组织乡亲举办新春座谈会，联络乡谊

○ 2024年2月，厄瓜多尔中华慈善总会会长伍棣湘（左三）受邀出席广州市侨办举行的花城看花·侨贺新春活动

○ 2024年6月6日，白云区人和镇侨界"迎龙舟，过端午"暨"侨领故乡行"活动在人和园举办

节，人和镇鸦湖乡华侨幸福会新会所举行落成剪彩庆典。为参加庆典盛会，加拿大温哥华爱群总社、多伦多华侨幸福会分别组团回乡，旅居中南美洲，英、法等国的鸦湖乡亲，以及港澳同胞纷纷回到人和镇，有近千人聚会，盛况空前。2016年11月18日，鸦湖乡幸福会在成立100周年之际隆重举行庆典活动。来自全世界各国的海外华侨代表400多人，以及200多名嘉宾出席了庆典活动。

20世纪80年代以来，海外乡侨多以侨社组团回乡。1984年，蚌湖旅新西兰乡侨杨永渠带领一行16人的旅行团回乡探亲、观光。其祖父

◎ 1994年，秘鲁华侨戴锡坤参加人和镇中心幼儿园举行落成典礼

◎ 2016年11月，鸦湖乡幸福会隆重举行成立100周年庆典活动

于20世纪初到新西兰，家庭后代多在当地生长，回乡探亲使他们了解祖辈的故乡，联络乡情、增进友谊。

为加强同旅外乡亲的联系，白云区政府和人和、蚌湖、龙归三个侨乡镇政府联合发出邀请信，邀请旅外乡亲回乡观光。1990年12月，加拿大温哥华爱群总社监事长陈灼贤率领的从事耕种菜园业主的乡侨一行16人，温哥华禺山总公所理事长茹容均率领的一行26人，温哥华禺山总公所顾问周国栋率领的一行14人，以及由新西兰番花会馆叶金城率领的6人，相继回乡观光探亲。他们在区、镇侨务人员的陪同下，到韶关、深圳、佛山等地参观，后在广州度过马年春节，游览羊城花市，参加家乡的迎春座谈会，参与舞狮活动等。自此以后，白云区政府和三个侨乡镇政府于每年春节前后，都热情接待组团回来的旅外乡亲。

◎ 2017年11月，秘鲁通惠总局和中央电视台到访高增村

◎ 2023年11月，广州市七十二中73届海外校友回乡恳亲

　　一百多年来，多少人和儿女远渡重洋，客留他乡，又因祖辈的牵挂和嘱托、血脉的传承和信仰，沿着曾经的足迹跨越山海而来。2006年12月，新西兰华裔青年回黄榜岭村寻根时认祖归宗。2024年3月，吉隆坡番禺会馆拿督杨括添在人和镇侨联和镇湖村委的协助下，成功找回自己的亲属。不少海外侨胞在侨务部门和侨联组织的帮助下，与跨越时空分离的亲人相认团聚，成就了赓续血脉情缘的双向奔赴。

　　时至今日，越来越多华侨华人在加拿大的番禺同乡会、爱群总社、禺山总公所、秘鲁华侨通惠总局等海外侨团的组织下，纷纷以回国访问团、旅行团、夏令营等形式，组团回乡访问观光、寻根问祖。

　　人和镇政府领导和侨务部门代表，也先后应旅外侨团的邀请，组团赴加拿大、秘鲁等地，参加侨团的周年庆典、联谊活动，与旅外同胞共叙乡情。1995年3月，蚌湖镇代表团在区侨办的陪同下访问新西兰有"小南村"之称的北巴马士顿和有"小蚌湖"之称的李云区，以及新西兰屋仑广州郊区侨联会、威灵顿番花会馆、新西兰华侨农业总会等侨团，会见、拜访侨胞200多人，为进一步拓展新西兰的华侨、华人联络工作开了一个好头。

同年5月，白云区政府和人和、蚌湖、龙归、新市4镇政府派侨务干部20余人，应邀前往加拿大多伦多市参加北美洲番禺邑侨第三届恳亲大会，同来自北美各埠的乡亲广泛接触，增强了彼此的乡谊，加强了北美乡亲同家乡的联系。会后，他们应温哥华、域多利（维多利亚）两市社团的邀请，先后到两埠同乡亲聚会，拜访老朋友，广交新朋友。区侨办还发挥同旅外乡亲联系广泛与密切的优势，先后会同外经贸等部门，组团前往秘鲁等国同当地华商洽谈商务，进行招商活动。这是当时规模最大的一次外访。

2006年12月，新西兰华裔青年回黄榜岭村寻根时认祖归宗

◎ 2024年3月，吉隆坡番禺会馆拿督杨括添找回自己的亲属

（四）人和华侨的文化品格

　　广州是国家历史文化名城，白云历史文化源远流长。1841年，来自禺北地区的103乡义勇齐聚广州城北郊三元古庙奋勇杀敌，三元里人民抗英揭开了中国人民武装反抗帝国主义列强侵略的序幕。1857年岁末，美法联军攻占广州，并对广州城实行了45个月的军事殖民统治。在此期间，广州北郊的民众以社学的名义，组织起一支数万人的爱国自卫武装，相约守望相助、护乡保民，毙敌多名。这些义举构成了白云爱国传统的精神源头。

　　这种爱国传统并不是凭空产生、孤悬在上的，而是白云人民朴素的爱乡重家之情的自然外溢。在传统上，白云是客家和广府文化交集处，宗祠社学遍布，重视家族传承与家风家训，这里流传至今的各种民俗如粤剧、洪拳、舞火龙、红木宫灯等，无不以各种形式教导人们热爱家乡，报效桑梓。因此，在白云华侨出国的过程中，体现出来的爱国爱乡、勇立潮头、敢想敢干的精神品格，是同岭南文化相一致的。

这片土地上涌现出了一大批最早放眼看世界的人物，出现第一批漂洋过海"下南洋""闯世界"，在异国他乡开拓一方天地的人物，他们构成了白云品格中进取性的精神特质。同时，白云区人民在走出国门后，总是心系家乡。从创办于1917年的肇福赠医局到创办于1920年的蚌湖全乡第一所新型学校——紫阳小学，再到中华人民共和国成立后直至今天白云华侨对家乡的兴学办医、投资兴业等，都无一不在反复说明这个问题。

作为白云区最主要的侨乡之一，人和华侨旅居海外的历史已有近200年。早在1853年前，人和地区已开始有人到美国旧金山"淘金"，分布于北美加拿大和美国的人和华侨，以从事挖金、木材加工、开垦荒地等劳作以及经营洗衣店、杂货店、餐馆等起步，至今其第二代、第三代不少已经进入当地社会的主流。例如在秘鲁的人和籍侨民中，

◎ 美国华人沈新明（左三）回乡找到失去联系多年的亲人

◎ 2017年12月，新西兰华裔青少年寻根冬令营到人和镇寻根

有不少大有成就的人，已成为秘鲁华人社会中的中坚力量，有些甚至已成为秘鲁经济界举足轻重的人物。

这些走出国门的白云华侨，并不是天然自带成功基因的。他们凭着自强不息的品格，在异国他乡奋斗终身，是其主要原因。白云虽为侨乡，然而清末外出务工者却多是因时势所迫，在国家危难时刻不得不漂洋过海成为"契约华工"。但旅居各地的白云华侨并未因此消沉，而是以自身的奋斗去应对时势的不利，去应对世俗的不公，去改变自身的命运。

据此，今天人和侨乡的文化品格和华侨的精神气质，处处体现出"爱国爱乡、敢为人先、开放包容、自强不息"的文化品格，这是人和华侨及侨乡文化所形成和发展的根脉所在。正是因为有爱国爱乡的优秀传承，人和乡民们才能在乱世中揭竿而起、挺身而出，他们无畏无惧并不是因为对自身或家人的不珍惜，而是因为他们是为着更大的目标，敢为人先、开拓进取，终于闯出自己的一片天。而在海外闯荡的过程中，华侨作为中西文化交汇的主要载体之一，他们既有开放包

白云区侨办代表拜访温哥华鸦湖乡爱群总社

2011年2月，人和镇举办华侨、港澳台同胞新春茶话会

◎ 2024年4月，人和镇侨联、人和商会与海外侨社团（商会）签订战略合作协议

容的外在气质，又兼有自强不息的内在奋斗，这才是他们取得成功，始终在各种困难和逆境中屹立不倒的根本文化动因。这种文化品格和精神气质，值得我们好好总结，更值得今人学习参考。

第二章

四海开拓

在由一栋百年老建筑改建而来的广州华侨博物馆里,"三把刀"的特色展项让观者耳目一新。少为人知的是,老一代先侨在海外开拓,就靠这"三把刀",一把是剪刀——做裁缝的,一把是剃头刀——理发的,还有一把菜刀——做厨师的。凭着"三把刀"打天下,老一代先侨把握住了在当地生存和发展的机遇,从落地生根到开花结果,为新一代提供更多发展的机会。

先侨不辞其遥,去乡万里,筚路蓝缕,披荆斩棘,功莫大焉。他们勤劳、坚韧、智慧,运用中国传统耕作技术与经验,成为住在国早期开发的拓荒者。作物种植,运河开凿,铁路修建,矿山开采,渔业经营,商贸流通……"蓝缕启山林,丘墟变城郭",无一不渗透着先侨的血汗与泪水。正所谓天时地利人和,人和为上,人的奋斗为本。从闯南洋到去北美,从扎根南美到逐梦西欧,百余年来,人和华侨华人的足迹和印记遍布四海。他们从珠江口出发,迎着伶仃洋的海风,远涉重洋,四海开拓,开创传奇和荣光。

一、人和华侨在秘鲁

公元11世纪,印第安人以库斯科城为首都,在高原地区建立印加帝国。1533年沦为西班牙殖民地。1544年成立秘鲁总督区,成为西班牙在南美殖民统治的中心。1821年7月28日宣布独立,成立秘鲁共和国。有人说,秘鲁是世界上距离中国最远的十个国家之一。但就是这个拉丁美洲占地面积第四大的国家,已吸引了数代人和华侨华人在此安居乐业。

(一)来自大洋彼岸的召唤

根据《白云区华侨港澳志》记载,分布于南美一带的侨胞,历史上经历了几个移民阶段:1849年10月至1870年6月期间,秘鲁当局授权一些资本家来广州私招华工。人和地区不少人应召而去,当时被招去的不是被拐骗、强掠的苦力,就是"契约华工"。同一时期,约从1859年至1866年，从广州到圭亚那的华工（包括家属）也有6000余人，其中多数为人和、蚌湖、龙归人。他们多经营杂货店、餐馆、饮食店、农场等。

1870年6月至1909年7月，中国与秘鲁首次建交后，秘鲁的农场主、资本家纷纷来华招募劳工，而早期已在秘的华侨，亦回家引带亲人赴秘谋生。在这一时期，奔赴南美的人和乡民，也有一部分是由于北美诸国对华人的入境限制严格，从美国、加拿大等国家转往南美的。1909年8月至1949年10月这段时间，秘鲁政府采取了限制华人入境的政策，后经中国政府交涉，秘鲁政府颁布了《旅秘华侨归客出入境办法》，并实行移民分配，才放松了新移民的限制，人和镇不少旅秘侨胞便纷纷回国带领亲人赴秘定居。在此期间，人和华侨中的部分人由于商业联系或亲属、同乡关系，或为了事业发展，又逐步迁移到洪都拉斯、委内瑞拉、巴西、特立尼达和多巴哥、巴拿马、巴巴多斯、古巴、厄瓜多尔、苏里南、阿根廷等国谋生。

显而易见，旅居南美人和华侨，其目的地和侨居国以秘鲁最为主要。以至于在秘华人中广州人从数量和社会影响来说是多数，而人和乡亲在其中又占据特别重要的地位。

近一个多世纪以来，人和旅秘华侨经过奋斗，成为豪商巨贾的，不乏其人。据1989年秘鲁当局统计，秘籍华侨华人的资产在千万美元以上的就有10人。而这10人中，祖籍广州的占7人，其中4人便是来自人和。

谈到这一系列成就，秘鲁国家"农业功臣"戴宗汉始终是一个绕不开的名字。

故事还得从1902年讲起。这一年，在禺北高增村，一个普通农民家中，一个名叫戴宗汉的孩子呱呱坠地。流溪河从村中蜿蜒而过，这本是一个耕种的好地方，但由于人多地少，加之河道浅窄、水利失修，经常旱涝失收。年少的戴宗汉就是在这样的环境下长大的，在他的印象里，父母不管多勤劳，一年到头还是难以吃上一顿饱饭，平常多以番薯、芋头充饥。后来，善良的母亲和年幼的弟弟妹妹相继在贫病交加中离世。1912年，10岁的戴宗汉开始读书，但只读了两年便不得不辍学回家帮忙。1915年，禺北频繁的洪水更让这个本来就普通的农民家庭遭遇上更大的困难。苦难没有让戴宗汉屈服，手脚麻利的他早早就成为一把农业好手，并养成勤俭朴素、坚韧进取的个性，立志要创一番事业，帮家里摆脱困境。转机在1918年到来。当时，一位回乡老华侨曹泉关于国外的见闻，让迷惘的戴宗汉看到了希望。仅仅带着一张旧毛毯、一个旧衣箱，戴宗汉便漂洋过海来到了秘鲁，从此开启了一段传奇的经历。

事实上，早在1849年，秘鲁国会就通过移民法，该法律以华人移民为主要对象，又称"华人法"。鼓励秘鲁雇主到中国招"契约华工"，约期为5年，后延至8年。由于国家的鼓励和法律的相对宽松，秘鲁成为当时禺北地区人民移民海外的一个最常见的选择。1849至1874年这25年是华人移居秘鲁的最高峰时期，签约到秘鲁的"契约华工"约有9万多人。其中1849至1853年，仅从广州黄埔港乘船到秘鲁的"契约华工"就有6123人。1874年清政府与秘鲁签订"中秘条约"后，秘鲁资本家来华招工正常化，早期已到秘鲁的华侨（多为人和地区人）亦回家乡引带亲朋到秘鲁做工。大量人和籍乡侨正是以秘鲁为自己出国第一站，后来再继续开拓在南美其他国家的事业发展，又或是转至北美发达国家。

1971年11月起，中华人民共和国与秘鲁建交后，人和镇不少人通过亲属或是朋友关系，办理赴秘定居，或在赴秘鲁后再转往周边国家发展经营。一些在改革开放后富起来的专业户，也通过"投资移民"的途径，到南美诸国经商，因此在南美各国侨居的人和乡民们，以经营商业者居多，替人打工的乡民们不多。20世纪80年代中至90年代初，人和镇移民南美形成了前所未有的高潮。通过多年的积累，人和华侨经营农业的范围，逐步走出秘鲁，遍及圭亚那、厄瓜多尔等南美洲邻近国家，使得南美洲成为人和华侨分布比较集中的一个地区，也有一些人利用办理圭亚那、秘鲁、厄瓜多尔、阿根廷、古巴等国入境容易的机会，先到南美诸国赚取一定的经济基础，再以此为跳板，设法转往加拿大等一些经济发达的国家。据1995年统计数据，白云区籍的秘鲁华侨、华人及华裔计有4万余人，其中人和镇就有2万多人。

（二）农业功臣

人和华侨初期到秘鲁的，主要从事开采矿产、建筑中央铁路、修建介休海港、种植作物或劳作，饱尝艰辛。据戴宗汉回忆，他赴秘鲁之时，一些契约期满的华侨，已经开始转去城镇做小贩，开小餐馆、小杂货店。戴宗汉基本也复制了人和华侨在秘鲁的发展轨迹。略有不同的是，此时早期赴秘鲁的华侨已经略有积蓄，生活大有改善。

但那时对于初赴外埠的戴宗汉来说，秘鲁远远没有旁人描述中的富足，他仍然需要从底层做起。头两份工作是杂货铺杂工、菜园帮工，挑水、煮饭、喂牲畜、收菜、送菜、卖菜、采购等，样样都得用心去做。在积累了一定经验和积蓄后，戴宗汉决定像此前的人和乡侨一样，自立门户自己创业，他选择了肉店作为初始的创业路径，一边做生意一边学习当地语言。由于诚信经营，货真价实，生意越做越好。后来，他又接连开了自己的菜店、杂货铺，之前熬过的苦成了他扩大生意的一笔精神财富。

在那个年代，华侨在秘鲁最多是发展出自己的店铺，经营些小生意，整体生活仍然艰苦，少部分人也只是略有积蓄。而戴宗汉跟他的前辈相比，希望把生意做大的愿望更加强烈。但究竟选择哪个方面进行突破，一直以来确实是困扰包括戴宗汉在内的当地华侨华人的一个问题。

秘鲁是个多山国家，世界最长的安第斯山脉纵贯秘鲁全国，世界流量最大的亚马孙河就发源于秘鲁中部高原的崇山峻岭之中。纵贯秘鲁南北的安第斯山，将该国天然分割为三个不同地理区域。西部的沿海地区，为太平洋沿岸的狭长地带，有断续分布的平原，占全国领土面积的11%，是秘鲁最重要的农业区，城市人口也大多集中于此；中部的安第斯山区，海拔在800至6000多米，占全国领土面积的29%；东部的亚马逊地区，占全国领土面积的60%，包括热带森林和世界最大河流体系，整个地区被森林所覆盖，形成了一个密集的绿色天幕，但土地相对贫瘠。

秘鲁的地理区域和自然环境多样，为发展多种农作物种植和畜牧业提供了良好条件。然而，当时秘鲁的农业相对落后，当地的粮食以玉米和土豆为主，大部分粮食依赖进口，但秘鲁及南美洲各国进入人口增长的高峰，粮食十分紧缺。此时，古老农业大国跨洋而来的大量华侨，让秘鲁农业迎来重要的发展契机，尤其是人和旅秘乡侨，为该国农业带来了技术上的革新，使秘鲁由粮食进口国一度变为有余粮出口的国家。

20世纪40年代初，人和旅秘鲁华侨发现秘鲁粮食紧缺却又有大片农田被荒废，甚为可惜。秘鲁华侨在戴宗汉的带领下，凭着多年的耕种经验，多番考察秘鲁北部沿海地区后发现，只要改进灌溉方式、耕作技术，一定会大有作为。其作为在流溪河流域自小熟悉耕种的农民之子，并不缺少先进的耕作技术。农业，遂成为以戴宗汉为代表的人和华侨融入秘鲁主流社会的重要切口。

从1942年起，戴宗汉、戴贺廷在秘鲁北部多地先后建起1000多公顷的农场。经反复试验，戴宗汉觉得"平面弯形引水法"比较适合当地，于是大力推广，并因地制宜加以改良。该方法在农田高处蓄水，用水时，水沿着合理规划的引水渠，实现自流灌溉，有效地缓解了当地农业长期缺水的问题。在不断扩大农场规模的同时，戴宗汉还大胆革新种植技术，积极推动当地农业革命。培育良种、改良秧田，推广疏播育秧法，推行农业机械化耕作，有效缩短水稻种植周期，提高粮食产量，把秘鲁北部沿海地区发展成全国第一个大米产区。

此外，戴宗汉还根据稻谷的增产，在当地建起第一个现代化大米加工厂、第一个现代化粮仓，以及一个规模较大的现代化养猪中心。在长期的合作中，他与戴贺廷兄弟同心、优势互补，有效整合种养资源，不断延伸产业链条，提高农产品的附加值。两人先后在秘鲁建起3个农场、4个大米加工厂、2个养猪场（年存栏量近万头），成为秘鲁农业界的翘楚。在经营好农场的同时，两人还把先进的耕作技术以及长期积累的丰富经验免费传授给当地农民，带动他们增产增收，帮助更多人吃上廉价米饭和肉菜。

1963年，为增加可用耕地、改变农业落后的局面，秘鲁提出加快森林区的开发，向大片荒漠要粮。戴宗汉、戴贺廷积极响应秘鲁政府的号召，参与林区农田开发，把大片荒漠改造成良田。随着水稻种植技术的推广，在秘鲁首都利马所开的中餐馆越来越多，曾被当地人视为"人间珍馐"的炒饭，其价格越来越亲民，成为当地人"下馆子"必点的一道美食。

由于对秘鲁农业作出了卓越的贡献，1968年11月8日，秘鲁农业部长代表该国议会和总统，把一枚"农业功臣勋章"颁给戴宗汉。这是秘鲁政府和人民对他的最高褒奖，也是对华侨华人百年来为当地社会作出重大贡献的充分肯定。

正如诸多人和华侨前辈通过自身努力，逐步走出了一条摆脱"契约华工"进而经营小商业的创业之路，戴宗汉与戴贺廷进军农业经营农场的创举，也为后来者开辟了新路，立下了榜样。自20世纪六七十年代以来，不少秘鲁华侨纷纷随着两人的脚步进军农业，其中人和华侨由于血缘地缘关系，在这方面更是一马当先。他们中相当一部分自己经营农场，然后通过各种方式介绍、协助国内的乡亲们出国到农场帮工，待乡亲们积攒到足够的创业资本后又开始买地创业，形成了一个农业经营和产业升级的正向循环。

与此同时，戴宗汉离开家乡到国外打拼数十载，始终心恋祖国、不忘家乡。据亲友回忆，戴宗汉在家喜欢穿简便的粗布衣和布鞋，坚持与家人讲家乡话，所用家具和陈设，多是从祖国带回来的国货。他给三个孙儿分别取名"粤南""祖华""信文"，其用意深刻，意为不忘家乡、热爱祖国，信守中华文化。每隔一段时间，戴宗汉总会带

○ 1968年11月戴宗汉荣获秘鲁政府授予"农业功绩勋章"。图为秘鲁时任农业部长代表议会和总统为戴宗汉佩戴勋章

儿孙辈回国探望家乡亲人，引导他们学习方块字，从小接触、了解祖国传统文化。他说："做一个中国人要有起码的爱国心，不但老一辈华侨要爱国，而且要教育在侨居国出生的子子孙孙都要爱国，世世代代都爱国。"他的孙儿戴燨基从小在家乡接受中式教育，当家族事业在秘鲁蓬勃发展，恰需用人之际，戴宗汉的儿子戴锡坤曾希望戴燨基等亲人早一些到秘鲁帮忙并继续学业。戴宗汉坚持要求孙辈在祖国完成较为系统的中华文化教育后再出国深造。戴宗汉认为，孙辈只有在国内读完高中，有了传统文化基础，这样出国接受西式教育才不会忘记自己的根。戴燨基遵从爷爷的意愿，在广州培英中学读完高中才出国继续深造。

中华人民共和国成立后，戴宗汉通过增资华侨创办的电台和期刊《东方之音》，大力宣传、介绍新中国日新月异的变化和社会主义建设成就。对于家乡的《穗郊侨讯》他也大力支持。1982年，得知第九届世界女排锦标赛将在秘鲁举行，小组赛中国队的比赛场地就设在戴宗汉、戴贺廷农业基地所在的城市志记拉玉市。戴宗汉吩咐同在广州的女儿戴碧媛火速赶回秘鲁做好相关接待。他叮嘱女儿向中国驻秘大使馆要来菜单，吩咐儿子戴锡坤、孙子戴燉基每天陪同厨师到市场和海边选购新鲜的肉菜和优质的大米，由大使馆厨师烹制美味饭菜助中国女排姑娘补充体能，为祖国争光。小组赛期间，中国队的多次午餐接待就设在农业基地的大米加工厂内。同时，戴氏家族成员还协同秘鲁知名侨团中华通惠总局组织阵容强大的啦啦队，到现场为中国队加油鼓劲。事后，中国女排教练袁伟民满怀感激地说："女排夺得世界冠军，是和华侨的支持、鼓励分不开的。"

戴宗汉在事业上取得成功后，没有把自己辛苦积攒下来的家财用于个人或家庭挥霍，而是积极回报家乡和当地社会。20世纪50年代末，国家提倡科技兴国，鼓励各地大办教育、为国育才。禺北地区的鸦湖、蚌湖、龙归三个侨乡先后筹办起现代化的华侨中学。戴宗汉得知家乡同文片区还没有像样的中学，只有一个设在北帝庙内简陋的初中班后感慨地说，科技发达必重才，兴邦强国必重教，家乡哪能没有正规中学。于是他和戴贺廷捐资20万元人民币，在高增村前的黄泥渴山岗兴建同文中学（广州市第七十三中学前身）。1964年，该校投入使用，解决了当地华侨子女和农民子弟的入学问题。戴宗汉、戴贺廷时对学校领导班子说："国无教不立，民无智则愚。愚昧无知建设不了'四化'，我们在海外几十年，到过不少国家，深感文化科学对强国富民的重大作用。"他俩鼓励学校领导努力提高学校教育质量。后来，戴宗汉和戴贺廷又捐助75万元人民币支持同文中学扩建，以及高增小学、人和小学教学楼的建设。为感谢两位侨胞对家乡教育事业作出了重大贡献，教育部门将广州市第七十三中学曾命名为"汉廷中

1987年，秘鲁侨领戴宗汉、戴贺廷捐建的广州市第七十三中学"汉廷楼"落成剪彩

学"，高增小学、人和小学的教学大楼分别命名为"宗汉楼""贺廷楼"。

改革开放后，戴宗汉响应家乡号召，率先投资创办高增制革厂，解决了部分侨乡居民的就业问题，还在当地掀起一股海外侨胞及归侨侨眷、侨属投资办厂支持家乡建设的热潮。1981年，回乡观看龙舟竞渡的戴宗汉，看到高增村街道高低不平、宽窄不一，沟渠淤泥、污水充积，村前十多口鱼塘失修已久，塘基坍塌，下大雨时，塘水、河水顶托，村道受浸，村民出入十分不便。他和戴贺廷决定捐资100万港币铺村道、修水渠、砌塘基。经过半年多的施工，五千米环乡水泥路终于建成通车。十多口鱼塘也砌上了坚固的石基，水渠焕然一新，村里环境卫生大为改善，高增村也因此成为远近闻名的"明星卫生村"。

◎ 戴宗汉、戴贺廷捐资助建的广州市第七十三中学"汉廷楼"

人和镇人口众多，当地的医疗条件曾经十分落后，全镇只有一所卫生院。20世纪60年代，戴宗汉和戴贺廷曾捐助25万元支持该卫生院的建设，但由于条件所限，远远无法满足当地民众的就医需求。20世纪80年代初，戴宗汉提议在家乡兴建一座现代化的人和华侨医院。他的提议得到家乡各级政府的重视，并出资30万元支持建设，还成立筹建指挥部。戴宗汉先后捐资270万港币支持该医院建设，他的家人也纷纷捐款。在戴宗汉的积极带动下，戴贺廷、李日松、李鹤龄等一大批旅秘侨胞积极响应，筹款100多万港币。旅居港澳及海外的其他地区的乡亲也倾力相助。经过一年多的建设，一座占地面积13200平方米，设备先进、科室齐全的现代化医院在人和镇拔地而起，大大缓解了当地民众看病难的问题。

除了慷慨捐助家乡公益事业，戴宗汉对暨南大学的发展也倾注了大量心血。1980年，复办后的暨南大学经费困难，急需配置的教学设备无法按时到位，戴宗汉得知后，急学校之所急，与戴贺廷一起先后

◎ 人和华侨医院举行华侨戴宗汉雕像落成仪式

捐助港币105万元、美元8万元、人民币10万元。1987年，戴宗汉个人又向该校医学院附属医院捐赠电子显微镜等先进医疗设备。为表彰他的贡献，暨南大学聘请他为校董，并把该校附属医院的一幢大楼命名为"宗汉楼"。鉴于他对广州市经济社会所做的贡献，1988年，他与戴贺廷等知名人士被授予"广州市荣誉市民"称号。这是白云区最早的一批广州市荣誉市民。

戴宗汉经常往返中国与秘鲁两国之间，为中秘建交架设"桥梁"，为中秘建交作出了贡献，被称为中秘友好使者。1971年11月2日，在以戴宗汉为代表的广大秘鲁侨胞的参与和见证下，中国与秘鲁于正式建立外交关系。

（三）落地生根

1886年，秘鲁中华通惠总局成立，这是秘鲁境内历史悠久、最具影响力的全国性华侨华人社团组织，凝聚着早期出国华侨们对家乡的感情、对中华文化的热爱以及对互帮互助、劳动致富精神的传承。1938年，总局大楼开始谋划第二次重建，经全侨代表大会通过，成立重建筹备委员会，选举出15名筹备委员。1959年10月，气势不凡的总局大楼重建落成，秘鲁时任总统巴拉那博士应邀出席总局大楼重建落成剪彩仪式，并肯定总局作出的社会贡献。每逢国庆、春节、中秋等重大节日，这些海外侨团都会积极操办各类传统文化活动，成了弘扬华侨文化和加深感情联系的重要纽带，大大增进了华侨后代对中华文化和祖国的认同感、归属感。

日久他乡亦故乡，以戴宗汉为代表，人和秘鲁华侨扎根当地、奉献社会。在秘鲁，戴宗汉是一位国家级功臣，也是当地人们眼里一位乐于助人的长者。在秘鲁取得成功后，他除了建样板田欢迎各地农民前来参观、取经，还利用节假日走访农户，慰问、资助病困农民，悉心指导小耕农耕作，甚至贷款给他们购买种子、化肥。据不完全统计，多年来他借贷给小耕农而收不回来的款项超过1000万秘鲁币。1970年，秘鲁华拉斯发生大地震，除了捐款100多万秘鲁币，已近古稀之年的他还亲自押送大货车运载大米、食糖前往灾区救济灾民。为解决当地青年的教育问题，他捐资300余万秘鲁币建起一间中学；为解决当地医疗器械紧缺、研究经费紧张的问题，他向利马医院捐赠了一台先进的X光设备，向当地防癌机构每月定期资助1万秘鲁币的经费。当地的收容院也经常收到他的大笔捐款。由于品德高尚、为人慷慨，他在秘鲁人民的心中，有较强的亲和力和极高的声誉。除戴宗汉等在农业领域建立功勋，还有不少人和华侨在秘鲁和南美洲各地取得了很大的成功。

秘鲁与广东虽相隔万里，却有着深厚的历史渊源和紧密的现实联系。20世纪50年代，中餐馆生意兴旺，渐渐成为华侨华人的支柱行业。中餐馆的西班牙文名称也由原来的Fonda改称为Chifa，即广东话吃饭的译音。至60年代末，利马市的中餐馆总数已达400家，华侨餐饮资本达1700万美元，占当时该行业总资本的40%。

至今闻名遐迩的龙凤酒家正是由人和籍乡侨曹万芳首创。曹万芳的父亲早年到秘鲁经营粮油百货生意。曹万芳大学毕业后，先回到家乡当教师，1950年到秘鲁继承父业。起初，他在父亲参股公司打理生意。十年后，他与曹兴发、曹瑞洪等人和籍乡侨联手，在首都利马市哥巴旧机场附近买下万余平方米土地，建起一间具有东方园林景色的大酒家，单是停车场就可以供数百辆汽车停放。此外，他还同时管理着太平洋酒家、月宫酒家。曹万芳退休后移居温哥华，曹瑞洪移居多伦多经营太平洋酒家。经人和籍华侨沈根源精心经营的龙凤酒家，成为远近闻名的集饮食、娱乐、旅游业于一体的大型综合休闲场所，是南美规模数一数二的老字号酒家。

在中餐业蓬勃发展的同时，华侨华人的商贸公司自70年代起如雨后春笋般遍布秘鲁全国各地，利马为最。塑料业、土特产批发业、粮食加工业、玩具生产业、保险业和电器业中的富商都不乏华侨华人。华侨华人企业和公司的经营额在秘鲁同行中的名次逐步前移，成为全国举足轻重的经济力量，其中就有不少人和华侨华人的身影。

◎ 2023年11月，秘鲁侨领回乡参加经济发展座谈会

　　沈根有、沈根源兄弟创办的塑胶工厂，是秘鲁七座同类工厂最大的一间。人和华侨曹清海早期在秘鲁经营粮油批发公司，发展进口贸易，生意兴隆，在秘鲁颇有建树，更乐于助人、造福社会，广为乡侨所赞颂。人和华侨叶启雄设立叶氏公司亦发展良好。戴宗汉和李鹤龄、李健龄、戴国汉、李赞容等在志忌拉育埠办可可粉公司，工厂设备先进，生产的可可粉、可可油出口南美各地。此外，不少人和华侨还在当地开办华文学校，组织中华文化中心，伍镜全、戴国坤等还参与了华文报纸《公言报》的创办和管理工作。

　　位于南美洲北部的圭亚那，在19世纪50年代迎来了第一批"契约华工"。早期华人主要来自中国广东省和福建省，在殖民者的种植园内工作。20世纪20年代，蚌湖籍杨杰兴到圭亚那，在当地经营餐馆，家业颇丰，后又在千里达（今为特立尼达和多巴哥）等国开办工厂。陈棋的父亲旅居圭亚那，正在读书的他接到父亲通知，圭亚那政府批准他前往定居，便赴南美洲圭亚那谋生。他在当地受到老华侨杨杰兴的器重，委派他主理杨杰兴经营的酒楼，又派他到千里达开设的铁钉厂任经理。陈棋在千里达期间，杨杰兴已移居北美加拿大多伦多，他又随杨杰兴的脚步移居多伦多。当时，有不少禺北乡侨从南美洲移居多伦多。他们身在海外，始终心系祖国家乡，均先后多次回国省亲、观光，支持家乡的建设。

这些通过自己辛勤劳动积攒资本后开办工商业的人和华侨，逐渐融入了住在国当地的主流，并成为当地社会具有相当名望和地位的人物。人和旅南美华侨还凭借自己在当地社会中较高的威望和社会地位，促成了中国和秘鲁等南美国家的友好交往，为中华文化走向世界，树立好中国的世界形象作出了贡献，他们的事业和功绩激励着后辈们始终传承中华文明血脉，通过勤劳致富进而带动社会的进步，这是人和华侨华人在秘鲁最重要的特征。

二、人和华侨在北美

人和华侨华人和北美渊源颇深。从19世纪中叶的"淘金潮"和随后的太平洋铁路的修建，到在"排华"与种族歧视的环境下顽强扎根，再到在居住地建立社团自治组织，以及在各个领域都为当地社会作出了巨大的贡献，人和华侨华人始终以自强不息的民族秉性，在北美大地上稳扎稳打、奋力前行，最终赢得了社会的认可，在北美大力书写出波澜壮阔的社会篇章。

（一）为开发北美而出力

分布于北美加拿大和美国的人和华侨，其移民历史已有170多年。1853年前，人和地区已开始有人到美国旧金山一带"淘金"。1848年美国加利福尼亚州发现金矿，这是北美洲发展的标志性事件。

一时间，各地淘金者纷至沓来。"淘金热"以及随后而来的开发美国西部的一场大运动，构成了这一地区繁荣发展直至今天的基础。1858年，北美洲另一个国家——加拿大在其西部也发现了金矿，美国采金者包括原在美国的一些人和籍淘金者随后又闻风涌至，从事挖金、木材加工、开垦荒地等劳作。

与此同时，远在大洋彼岸，刚刚经历鸦片战争而被迫打开国门的中国，底层的贫苦大众，也对这个遥远而富足的"金山"有所耳闻并心生向往。据时人记载，禺北地区听闻外埠金矿的消息，"邑人闻讯，亦如潮涌至"。早期抵美的人和华侨，绝大多数是"契约华工"，他们经广州黄埔港、香港、澳门乘船前往北美。即便是另外少部分自备盘缠的乡民，由于随身所带有限，加之在外国言语各方面不同，也都往往只能通过从事繁重的体力活动从而赚取些许积蓄。而当美国西部的"淘金热"还在继续之时，1858年加拿大菲莎河下游发现金矿，原在美国加州淘金的华侨，据统计2000余人随即转移到加拿大域多利矿区，继续他们在北美洲的开拓之旅。而从1860年开始，更陆续有经先行者介绍或其他各种方式闻讯后希望前往北美者，从广州经香港、澳门乘船到加拿大温哥华等地加入采矿行列。这是禺北和人和华侨最早前往北美洲的一批人物。

早期华侨去往美国西部，除参与淘金外，对于当地的基础设施建设也作出了巨大贡献。如在旧金山淘金的华侨，其中一部分在结束了金矿工作后，还参与了1863年动工的美国第一条横贯东西的铁路工程建设。这些早期旅居美国的华人主要聚居在今天的旧金山，他们在这些工程劳作中所表现出来的吃苦耐劳精神，让他们成了后续众多工程中的理想劳工。1880年开建动工的加拿大太平洋铁路落基山至太平洋海岸路段，施工方负责筑路的公司更是直接委托域多利联昌公司华人李天沛代理招募万余华人，让他们分批从香港乘船到加拿大参加筑路，其中相当一部分人原籍在今天的人和地区范围。

恰逢1882年，美国通过并实施了《排华法案》（该法案到1943年

○ 华侨使用过的藤笼

第二次世界大战期间才被废止，对当时在美国生活的华侨华人造成了歧视和侵害，受此影响，不少旅居美国的人和华侨被迫移居到加拿大和南美秘鲁、圭亚那等国）。与美国对比，当时加拿大对华人实行的是"人头税"政策（自1888年起），因此在加拿大找工作和投靠人和乡侨的难度都远远低于美国，因此加拿大成了北美洲华侨最理想的去处。人和乡侨开始大量地去往加拿大，也有听闻加拿大相对宽松的环境后，从南洋、南美等地转往加拿大，他们集中的居住地是温哥华，时至今日这里仍是人和华侨华人的聚集地。

在整个19世纪，赴北美的华侨多数都是从事和金矿或基础设施建设（特别是修桥筑路）有关的工作。他们中的部分人，在"契约"满后继续投身当地充当伐木工、农场工，有了些许积蓄后，就积极自行创业，有的去开垦种植园，更多则倾向经营食杂、饮食、洗衣、果蔬等小商店，也就此形成了很长一段时间内华侨在北美的刻板印象。而从1923年起，由于加拿大政府颁布《中国移民法案》，禁止中国移民该国，此后很长一段时间里从中国至北美的直接移民数量极少。不过，以早期已经立足南美当地的人和华侨为中介和转换，进而转往北美的仍断断续续存在。

（二）进入主流，广泛认可

早期旅美的华侨对美国和加拿大新开发区域的发展作出了巨大贡献，但也把自己局限在有限的行业里，而且主要从事体力劳动。第一次世界大战结束后，加拿大经济发展停滞，在种族歧视思想的影响下，加拿大当局部分人士又把这种加拿大国内本身的经济问题归咎于华人和华工。于是，自1923年起，加拿大开始禁止中国移民入境。留居加国的华人，除少数当地出生的之外，大多属于单身男性，妇女为数不多。这一时期，早期赴北美的华侨只能暂时隐忍，默默地在异国他乡靠自身奋斗打拼。

第二次世界大战期间，作为同盟国的美国通过《废除排华法案》，原移居到南美的华侨开始回迁美国，并为在家乡的亲属办理手续前往团聚。而作为美国的盟国之一，加拿大政府也很快调整优化移民政策，改变了歧视华人的政策，继而准许居留华人入籍，并放宽了移民条例，允许在加华人申请子女移民加国。其子女在加婚后，又可申请其亲属来加。当是时，整个北美洲的劳动力都相对缺乏，这对于来到异国他乡只有依靠自身劳动力的人和乡侨来说是一个最大利好。而到美国和加拿大的人和华侨，往往又多是吃苦耐劳的群体。他们通过自身的勤俭苦力，经营洗衣店、杂货店、餐馆等，颇为兴旺，积攒下了足够支撑安定生活的物质基础。

第二次世界大战结束后，这些已经积累起一定经济实力甚至拥有相当社会地位的华侨开始了逐步从体力劳动转向脑力劳动。正是这种从1940年代开启的重要转变，使得华侨华人得以逐步进入当地社会主流，并获得广泛认可，人和华侨在这个过程中也扮演了重要的角色。

如出生于人和鸦湖乡大巷村的曹棣华就是其中的杰出人士。他的父亲曹炳梯是私塾教师，曾经在美国经营餐馆。曹棣华作为第二代的人和华侨，10岁就随父来到美国，中学毕业后到香港，在名医梁翰芬主办的保元中医专科研究院学习。结业后，1947年在南加州大学牙科毕业，取得博士学位后在当地开业经营牙医诊所。牙医在当时的美

○ 1943年9月，《中国新闻》上呼吁民众给国会议员写信或打电报支持废除"排华法案"

国算得上是中产阶层中比较受到敬重的一个职业，由华人担纲的还在少数。而且，曹棣华对比其他人更具传奇色彩的是，他在短暂经营牙医诊所后，又于1953年应征入伍，派驻美国军方的航空母舰当上尉医生。服役期间，曾经受到七次嘉奖，并荣获奖章。曹棣华从军队退役后，又考进香港大学。1957年由于父亲身体欠佳，他中途退学返回美国，回到旧金山继续经营牙医。生意从小到大，不仅自设假牙工场，拥有诊室20余间，兼营进出口牙科医疗器材生意，后又于美国各地投资房地产，用于经营中药店和西药行，其夫人周敏华研究中国针灸，在美推广中国传统中医学效果显著。

通过不懈奋斗，曹棣华从一个普通中产进入当地医药界的主流。正因为曹棣华在当地积累的名望，他于1969年任三邑总会馆主席，同时被选为全美华人福利总会首席常务理事。1975年至1981年间连任该会美西区主席，并且历任中华总会馆总董事长、中华总商会会长、至德三德总公所总理、世界至德宗亲会副主席、旅美番禺昌后堂总理、昭义工商会总理、美国退伍军人总会华系支会总指挥、东华医院医务部主任、中华学校校董会主席等职。曹棣华退休后又回到祖国，在暨南大学继续攻读内外医科，于1992年毕业。1993年，已经成为旧金山当地名流的曹棣华被时任美国加州州长刁梅真委任为加州展览会委员及民权委员、经济辅导委员会委员，成为美国当地人和华侨的翘楚。

中华人民共和国成立初期，中美两国关系尚未正常化，国内乡亲难有正常渠道到北美，但还是有不少旅居南美谋生的乡侨设法转到美国。这一时期，人和地区移民加拿大的人数最多，他们大多数定居在多伦多市。而老一辈的华侨、华裔则大多定居在温哥华。现在，他们的第二代、第三代不少现如今已经进入了当地社会主流，从事工程师、律师、医生、教授等高知职业者众多，创业有成者不少，政界亦有优秀人士涉足。中美正式建交后，华侨华人以家庭团聚、留学、结婚等理由申办亲属赴美定居者，数量亦不在少数。

除去颇具传奇色彩的曹棣华以外，人和华侨进入美国政界的亦

◎ 2024年4月，美国粤港澳大湾区企业家总商会回乡考察

有人在，这个过程主要起于20世纪70年代。其中祖籍人和鸦湖岗尾村的甘敏才是代表性人物。甘敏才是在中国出生长大的，20世纪60年代初，他几经周折到了美国后，经过几番努力奋斗，逐步融入美国的主流社会。70年代以后，他成为美国甘氏企业集团公司副总裁、汇通银行常务董事，还曾任美国总统里根顾问委员会委员。改革开放以后，甘敏才敏锐地认识到中美经济交流的重要性，其怀着赤子之心，积极

推动中美两国开展经贸往来。他邀请家乡成立电子工业外贸考察团赴美国进行考察，在这个过程中利用自己的影响力安排美国重要议员接见、商谈，签订下中美合办的"广汇实业公司"，有效促进发展了中美经济贸易合作与技术交流。除甘敏才以外，目前在美国加利福尼亚州的多个城市中，华人数量已然不少，因此参与各地市政，担任公职的人数亦不在少数，社会影响力逐步扩大。

（三）报效桑梓，回报家乡

报效桑梓、回馈家乡历来是人和华侨华人的优良传统。人和华侨华人在北美闯出一片天后，自然大力回馈家乡，为华侨、为乡亲多做公益善事。比如开拓了人和华侨华人在美国进入主流社会道路的曹棣华，他在美国时，曾积极运用自己的社会影响力帮助当地华侨华人，曾担保100多名广东籍华侨难民离开收容所，积极参与争取美国政府同意华侨的侨眷来美，争取美国政府放宽对中国的移民名额和中国来美留学生的名额限制等社会活动。此外，他在改革开放后不遗余力捐款筹建"广州市白云区人和华侨医院"，并多方奔走协调，经过长期不懈的努力，成功动员香港继昌堂向"广州市白云区人和华侨医院"捐赠先进医疗设备CT扫描机，正因这些贡献，他在1993年被聘为广州市白云区人和华侨医院名誉院长。

人和华侨在北美心系家乡、报效桑梓的例子还有很多。其中又以人和镇鸦湖乡城濠庄的曹桂芳为较早且知名。曹桂芳生于1894年，是番禺名举人龙达墀的入室弟子。他少时饱读诗书，精通经史，据传他在学校时由于天资聪敏，每次考试多为第一，加以他品性善良淳朴，故深受师长喜欢、同学敬佩。但无奈他出生在动荡时代，仅凭诗书经学难以报效家国，因而被迫远走中国香港另谋生计，并辗转来到美国旧金山。凭借自身努力和过人学识，他在美国当地发展较为顺利，长期在花旗银行华务部担任要职。但曹桂芳并不是小富即安之人，常怀家国情怀，懂得居安思危，常感教育乃立国处世修身之本。他目睹当时的旧金山华侨儿童大多失学，只能充当体力劳动者而缺乏更多社会晋升空间。于是他联同乡亲曹惠甫及多名挚友，集资创办孔教学校并自任校长。从此，莘莘学子，如沐春风，满门桃李，厥功至伟。至第二次世界大战爆发，该校因人力物力均告缺乏才被迫停办。

1946年，曹桂芳回到家乡，并专心投入"鸦湖乡华侨幸福会"会所的筹建工作，亲自督导直到工程完成。幸福会不仅服务北美人和乡侨，而且对当时远赴东南亚、远涉南美洲等世界各国的乡民，都热情提供帮助。在曹桂芳主持下，鸦湖乡侨逐步开始在世界各埠组织同乡会或社团。其中以加拿大温哥华之鸦湖乡社团贡献尤为突出，他们推选曹桂芳等人主持筹备策划，成立了"鸦湖阖乡华侨幸福会"，为华侨乡民服务。1948年，曹桂芳当选为美洲华侨国民代表大会代表。新中国成立后，他回到美国曾创办制衣厂，担任美国旧金山《世界日报》的主笔，始终活跃在造福家乡、推动交流的第一线。

三、人和华侨在新西兰

新西兰是南太平洋较为知名的岛国。毛利人首先在新西兰定居，1642年，荷兰航海者在新西兰登陆。1769年至1777年，英国库克船长先后5次到新西兰。此后英国向新西兰大批移民并宣布占领。1840年2月6日，英国同毛利人族长签订《威坦哲条约》，新西兰成为英国殖民地。1907年独立，成为英国自治领，政治、经济、外交受英国控制。1947年成为主权国家，同时为英联邦成员。新西兰华侨华人为数众多，是新西兰多元化社会不可或缺的重要组成部分。他们用自己的勤劳与智慧为新西兰经济社会发展、促进中新友好合作做出独特贡献，得到新社会广泛认同。

（一）从逃亡到淘金

在新西兰的人和华侨中，广泛流传着甘先的事迹。相传，最早在新西兰定居的人和乡侨，就是当年随同甘先一起奋起反抗清王朝腐败统治的仁人志士们。

甘先（约1824年—1855年），字广高，人和镇岗尾村人。第一次鸦片战争期间，广州近郊三元里爆发抗英斗争，年方十六七岁的甘先就曾手持大棒，带领鸦湖等地的义勇杀向三元里牛栏岗。他英勇善战，指挥鸦湖乡义勇队，与各乡抗英义勇密切配合，大败英军头子义律、马礼逊率领的援兵。鸦片战争后，甘先目睹清廷腐败，备受洋人控制，民不聊生，遂萌生了反抗帝国主义、反抗清王朝统治的思想。咸丰四年（1854年），甘先在花县远龙墟竖起大旗宣告起义，起义队伍自号"洪兵"，又因头裹红巾，世称"红巾军"。起义军鏖战至咸丰五年春，终因寡不敌众和叛徒告密而失败。但后人仍广为传颂"城北英雄少年甘先"并留有民歌一首：

"久闻甘先好名声，佛岭市上扎大营。讲起当年打番鬼，英雄队里最年轻。"

这次起义失败之后，清兵大肆搜捕参加起义的乡民，尤以甘先率领的鸦湖乡义勇队为众。为了躲避朝廷的搜捕和迫害，不少禺北乡民只得背井离乡，远赴海外流亡。他们最早逃亡至香港，后东南亚一带发现锡矿，劳动力需求大增后，他们大部分后又辗转至新（新加坡）、马、泰，后来还有一些人甚至远走到澳大利亚谋生。而新西兰则成为后起之秀，凭借其相对优越的自然环境，以及相对宽松的社会环境，逐渐成为首选之地。

现在分布于新西兰的人和华侨，源头上多数是在1864年至1868年间接踵而至的。新西兰1852年首次发现金矿，1857年往后的十来年间又发现了多个金矿区，一时掀起了"淘金热"。人和籍散居在东南亚一带的华侨华人便闻风而至。最先到新西兰的华人淘金者，是由南澳大利亚过来的，而不少原来就是从马来亚招来的华侨锡矿工，其中人和籍的便有不少人。另外，原先到达马来西亚、新加坡、印度尼西亚的不少人和籍契约华工，他们的契约期满后，也相继奔赴新西兰掘金。1871年，新西兰金矿开始在广州招募工人，禺北农民纷纷应募，政治逃难的动因和淘金热叠加在一起，形成了早期新西兰淘金的华人多以禺北籍为多的状况。19世纪七八十年代，由于乡侨人数愈来愈多，新西兰番禺会馆得以成立。

当时到新西兰淘金的过程异常艰苦。人和乡民们乘坐的船只，往往取道小吕宋（菲律宾）、山打根、婆罗洲、澳大利亚等港口，要经历两三个月的航程才能到达新西兰，上岸后还要步行二三百千米，才能到达金矿区。淘金劳动强度大、时间长，而初期的收入仅可糊口，生活维艰。

这些早期赴新西兰的华侨，大多数属于"契约华工"，他们在外埠的生活十分艰难甚至悲苦。据记载，人和乡民们到达新西兰后，还没上岸就得向当局缴纳"人头税"。在矿区，华侨们住的是用石头、黏土搭建的简陋住所，现在的奥塔哥雅鲁镇的河边，还留有当年淘金华工所居住的小石屋和作为休闲娱乐公共场所的木屋，它们提醒着今人先辈们艰苦创业的历史。

◎ 新西兰奥塔哥淘金华工居住的小石屋遗址

事实上，当华侨们大批来到新西兰时，当地的金矿资源已经有所减少。据时人记述，仅1865年的三个月之中，便有7000名白人淘金者离开奥塔哥矿区，而这里又正是早期华侨所奔赴淘金的集中地点。白人一走，留下凌乱不堪的半开采状态的金矿，但来此的华侨们并没有就此消沉。他们三五成群，在已经废弃的金矿中挖出金沙，然后在河边山间不断淘洗，终于能够淘得少量黄金，却又必须按照当地规定把这些黄金交到当地政府银行"按价"（事实上是廉价）收购。矿上还有严格的搜身制度，不许矿工们夹带金砂出矿。即便在如此艰难困苦的环境下，众多华侨还是坚持下来。正是这种吃苦耐劳的精神，为他们在异国他乡赢得了生存的空间和资本，同时也为构建起横贯新西兰南岛数百平方千米的矿区作出了巨大贡献。

然而，跟大多数国家一样，新西兰也发生过严重的排华浪潮。从1881年至1936年间，新西兰国会通过多项"排华法案"，以多种手段排斥华侨，华人移民大量减少。1938年，日军大举南侵，广州沦陷，旅新西兰华侨的眷属要求到新西兰避难，当地侨团获悉后即向中国领事馆提出要求，经领事馆向新西兰政府交涉后，放宽了移民限制，自此至1949年新中国成立，又开启了另一段禺北乡民大规模向新西兰移民的热潮，这奠定了当今人和华侨在新西兰的基本格局。

（二）因地制宜谋发展

1880年代以后，新西兰当地金矿日渐枯竭，已逐渐还清出国欠款摆脱契约地位的华侨华人们，便开始进入惠灵顿、达尼丁等城市，从事农业种植、洗衣或餐饮等服务业，逐步找到了新的生活出路。

其中，果蔬种植是华侨们最具活力、流传最久同时也是至今仍在发展的行业。早期的"契约华工"，逐步到了契约期满，得以从金矿走出来。这些勤劳的乡民们一旦存够积蓄，凭借自己在家乡长期务农的经验和技能，白手起家、驾轻就熟地开始种植蔬菜、水果。他们租下土地，购得一匹马和简单的农具，就此开始了果蔬种植，有的还兼营畜牧业，养牛养羊。由于新西兰土地肥沃、气候良好，华侨们很快发现这里可以种植出多种多样的蔬菜和水果，而且大都比较优质。当时，新西兰白人家庭的餐桌上往往只有牛羊肉、土豆和卷心菜的简单几样，而华侨们种植出的多样化蔬菜水果，大大丰富了他们的菜单，满足了当地人新的生活需要。

种植果蔬初战告捷后，人和华侨华人进一步延伸经营触角，有的开始经营果菜零售商店，有的甚至兼营种植和零售。当时，华侨所经营的果蔬商店往往货源充足、货色新鲜，加上中国人勤劳肯干，起早贪黑，部分先侨很快发展起来。这是华侨在当地实现社会阶层跃升的最初尝试。此后，人和华侨在新西兰者大多以经营商业作为自己的主要谋生手段。他们合伙开办洗衣馆、饮食店、果菜店、杂货店等小型服务性行业，以垦荒种植果菜为多。抗日战争爆发以后，不少旅居新西兰的华侨纷纷把家眷接往当地，这使得新西兰华侨中留在人和本土地区的归侨和侨眷人数对比其他地区来说要少。

此外，亦不乏在当地开设农场的人和华侨。1910年到新西兰谋生的人和鸦湖人罗琼，凭着勤劳，艰苦创业，开办了一个面积达百余英亩的农场。由于经营有方，农场越办越兴旺，他也逐渐有所积蓄。罗琼乐于助人，对侨居地的华侨华人，凡有困难要他帮助的，他总是乐意解囊相助，因而在当地华侨中有一定的威望。在回乡省亲时，罗琼又在家乡投资开办碾米机房，针对一些贫穷乡亲，机房可免费碾米，此举深受乡亲欢迎。

太平洋战争爆发后，新西兰成为盟军给养基地和休假训练之地，当地政府对于果菜种植十分重视，并给予相关支持，华侨华人开办的菜园和餐馆随之兴旺，甚至涵盖了当时供应盟军物资的绝大部分需求。受此影响，前述的排华浪潮也逐渐退潮，华侨们从而在异国他乡逐渐站稳脚跟。当时，蚌湖籍华侨苏燮熙、杨玉赐、杨汶钊等都是当地的代表人物。广州沦陷后，苏燮熙由香港转到新西兰，他一边读书一边帮父亲（原为老矿工）耕种菜园，之后发展至拥有近400英亩面积的农场，除种植蔬菜外还饲养良种鹿和良种马。杨玉赐于20世纪40

年代在奥克兰南郊创办农场，面积近500英亩，仓库有足球场般大，所产果菜除供应本地外，还远销日本。杨汶钊赴新西兰的时间较晚，他1954年才来到新西兰。他来到新西兰后首先是专门修读农业机械课程，待课程结业后才创办农场，探索以较先进的育种技术和农业机械投入种植，从而培育出个头大、味道鲜、保存期可长达一周的高质量的菜花，被当地人称为"菜花大王"。这是人和华侨华人在新西兰过上了新生活的体现。

当时，华人所种植的蔬菜供应量一度达到当地的80%以上。然而，华侨在果蔬产业上占绝对统治地位的这一事实，也影响到了其他族群的发展利益，成了19世纪80年代以后在很长一段时间内当地制定"排华法案"的理据之一。当时，尽管华侨可以通过自己的勤奋努力和诚信经营获得经济收入，改善自己的基本生活条件，但是在社会权利和社会地位上仍然处于绝对的劣势地位。为了维护自身利益，华侨们相互奔走，提出抗议，如1932年5月，在奥克兰华侨召开了反对排华的会议，明确发出了"现纽岛西人排华风潮高唱入云，兼之沿门运动白人签名，吁请新西兰政府驱逐华人出境，实属惨无人道。今我在此华侨要据理力争，协力对付"。这一反对当地排华的运动一直延续到1930年代后期，直到当地政党轮替后逐步给予包括中国移民在内的亚洲移民平等的社会福利，以及取消入境人头税等政策的颁布实施，才逐渐平息下来。同时，这也反映了华侨已经成为当地社会经济发展中所不可忽视的新力量。

这种社会地位的提升和华侨主人公意识的进一步确立，最突出的案例就是在20世纪40年代成立了新西兰华侨农业总会。最初，新西兰当地只有由白人组成的农会，华侨们在其中缺乏代表，因此，这些在经济上已经初步打下了基础的华侨们就商议成立新西兰华侨农业总会。1942年7月，总会在惠灵顿成立，属下各地则统称分会。新西兰华侨农业总会成立后，跟当地的农会进行了合作与斗争，在诸如蔬菜限价问题，各蔬菜产销行业团体的合并问题，华人入境从事蔬菜种植放松限制问题等方面取得了一定成果，一定程度上保护了当地华侨的利益。历史地看，虽然华侨农业总会也未能达到完全掌握自身命运的目标，但至少标志着当地华侨逐步成了各种政治、经济力量都不可轻视的一股力量，这也是当地华侨生活日益好转的一个显著标志。

人和镇旅新西兰华侨，经历了一百多年的奋斗，至今已繁衍到第六代。中华人民共和国成立后，中国鼓励华侨在当地生存发展，新西兰也欢迎华人加入其国籍，移居新西兰的人数有增长的趋势。由亲属连带关系移民到新定居的，为数亦不少。时至今日，旅居新西兰的人和华侨后代，已经不仅仅限于果蔬种植、商场或洗衣店等行业了，而是纷纷涌现出一批医生、律师、会计等专业人才。目前，人和镇不少旅新西兰侨胞，已成了大菜园主、大出口商、大企业家。有个别农场主拥有几个大农场，上千亩的土地和几十台农业机械，他们的后代则多接受高等教育，逐步融入了当地的主流社会，其中当医生、律师、高级会计师、教授、银行高级职员等的不在少数。

（三）杨氏一族的奋斗与发展

在新西兰的人和华侨中，杨氏是负有盛名且具有代表性的一族。杨氏家族世代居住在蚌湖，其在新西兰的创始人为杨胜康。杨胜康是人和华侨赴新西兰经历中最具代表性的一员，他参加了洪秀全领导的太平天国起义，因而受到清廷的通缉，两位兄长都惨遭朝廷捕杀。杨胜康为逃避政治追捕，只好漂洋过海到新西兰当矿工。此后，沿着杨胜康走过的路，杨家后代多出洋谋生，足迹遍及澳大利亚、新西兰、美国，而又以在新西兰的人数为最多。

至1893年，杨胜康的孙辈杨浩林离开家乡人和，从广州坐船来到新西兰，从菜园工人做起，经过多年奋斗开设起了自己的"其昌"果菜店。据当地人流传，杨浩林热心公益，当上了当地的中华会馆的评议员，一干就是十多年，为当地华侨排忧解难，他还利用自己的商店为当地乡亲提供歇脚聊天的地方，因此在当地享有广泛的盛誉。他的儿子杨汤城，也在刚满14岁之时来到新西兰。他先在家族的果菜店内边帮工边读书。待获得较充分的本钱后，自己成立"太平洋果菜和种子公司"当上老板，经过十多年的奋斗，生意逐渐兴旺，成了当地华侨中声望颇高的人物，赓续了杨氏家族在新西兰的奋斗史。抗日战争胜利后，杨汤城还和当地六位侨领在惠灵顿组织成立建华贸易公司，开展进出口贸易，亲自任公司董事长兼总经理。不久，他又和旅居香港的华侨组成了裕侨旅行社。新中国成立后，杨氏家族很早回国参与

◎ 新西兰侨领杨汤城

◎ 杨汤城（口述），丁身尊（整理）.新西兰华侨史[M].广州：广东人民出版社，2001

投资，1950年即到广州创设裕华漂染厂，成为最早一批参与新中国建设，为祖国现代化建设贡献力量的海外华侨。

值得一提的是，据《白云区华侨港澳志》所载，1986年，新西兰总理朗伊和夫人，在广州市、区领导的陪同下，专程到蚌湖镇向西访问新西兰华侨杨玉能家庭，并赠送珍贵纪念品，宾主合影留念。朗伊总理在将一台医疗器械赠给人和卫生院时，特地说明该台机器是郊区华侨在新西兰办的工厂生产的产品。他高度赞扬华侨华人为新西兰的繁荣发展作出的重大贡献。

杨氏家族在新西兰的奋斗和发展史，基本上代表了人和华侨在新西兰的经历。普遍来说，人和乡亲们最早是在迫不得已下远赴外埠，在克服了多种艰难困苦后逐步找到了走向新职业、新生活和新发展的路径。但人和华侨华人在任何地方任何环境下，也没有忘记自己来自禺北乡村的根，没有忘记家乡土地赋予的生存技能。因此，果蔬种植等便成了华侨在新西兰所最为普遍参与也是占据当地社会经济地位中最重要的一个行业。以杨氏家族为证，人和华侨华人通过自己的勤奋努力，起早贪黑，逐步从小到大，从个体走向团体，从支流走向参与社会主流，参与相关重要决策。同时，这些通过奋斗获得美好生活的华侨们又时刻心系祖国发展，时时不忘回馈祖国、报效桑梓，体现出了浓厚的爱国爱乡之情。

以杨氏家族为代表，新西兰的人和华侨在自身生活条件有了改善后，即积极投身公益。如在1927年，河南、陕西、甘肃三省发生特大水旱灾害，杨汤城联系新西兰的侨界领导，发动捐款赈灾。抗日战争爆发以后，新西兰华侨支持祖国抗击外辱的热情更加高涨。当时，新西兰当地成立了华侨救国总会，杨汤城等当地侨领积极奔走，为抗日救国捐款筹款。

四、人和华侨在南洋

因为地理原因，且其语言、风物等与广东沿海相近，新加坡、马来西亚、印尼等地（当时称南洋）是许多华侨出国的第一站。1786年，英国殖民者为开发和掠夺新、马资源，招募华工当"苦力"。这一时期禺北有不少破产的农民被拐或被招到新加坡、马来亚。有的到了槟榔屿（即槟城）又被转贩到印尼去。他们在当地主要从事开采锡矿或在垦殖园开荒种甘蔗、椰子、橡胶等。但这些早期赴南洋的华侨后来的去向又或者他们的后人已经很难考据清楚了。至于鸦片战争后，那些在清末因起义失败逃避通缉而到南洋一带的人和华侨，大都是单身男性，他们赴南洋后经历如何，是否娶妻生子，后代又为何，同样很难考据清楚。但无论如何，这些赴南洋的人和乡亲先驱，人数较少，在当地的影响力也比较小。

现在能够大致明确其来龙去脉且分布于南洋一带的人和华侨华人，大都是在1819年英国殖民主义开辟新加坡为自由港之后陆续到南洋谋生的。当是时，也有人和地区一些青年丧夫，或因丈夫染上烟赌恶习而不能自拔的妇女们，含泪离家，由水客（收取报酬的带路人）引领，经香港到新加坡谋生，这一群体的经历较为独特。这些妇女到达新加坡后，多从事家庭佣工等辛苦而又低酬的工作，由于勤劳、诚实，深得雇主和当地人的赞许。据一些华侨回忆，当年人和男性乡民多不愿到南洋谋生，主要源于当地主要产业是开采锡矿，而在乡民看来"锡"没有"金"贵重，因而前往北美淘金的意愿远远强于下南洋。第二次世界大战爆发后，外国人纷纷离开新加坡回国，不少当佣工的华侨亦随顾主回去继续当佣工，一些则留下替老板看管店铺或家业。不少华侨妇女，稍有积蓄后，一般打算回老家，但因国内战乱频频，欲归不得。中华人民共和国成立之初，他们先是将积蓄汇回家乡亲人，继而购买自行车、手表、衣物等邮寄给国内亲属。20世纪50年代后期，这些以妇女为主的南洋华侨便纷纷回国，或探亲访友，或安度晚年。

　　对于人和华侨来说，同前文叙述的几个目的地相比，去往南洋的人数相对较少。除比较早期被殖民者诱骗至当地当契约华工者外，自愿去往这些地区的并不多。这是由几个方面原因决定的。

　　一方面，华侨出国主要是为了谋取更好的生活条件。但当时南洋诸国还处于开发早期，当地的谋生条件、自然环境等都并不算好，有待改造，有些甚至比起家乡还不如。因此，华侨们多不愿意去往这些地方，即使有部分去往者也一般不愿意在这些地区长期居留。

　　另一方面，出国到南洋的人和华侨（以新加坡和马来西亚为最多）以女性为主，这是和其他人和华侨出国目的地都有极大区别的一点。她们绝大多数都是文盲或半文盲，没有文化，而且劳动力亦不如男性，因此到了南洋地方后，便只能选择家庭佣工，也有稍有积蓄便改行做小贩的。这些妇女秉持着勤俭节约的美德，在异国他乡节衣缩食，将点滴积蓄起来的工钱寄回家抚养儿女或年老的翁姑。除一些积蓄较丰的华侨会选择在每隔若干年返乡与家人团聚数月，再回到居住国继续拼搏者外，这些在南洋的出国华侨大多数都是在侨居地含辛茹苦，拼搏一辈子，直到年纪老迈才带着一生所积蓄的血汗钱，返回故里度过余年，也有不少是终生劳苦，至死仍未能回归家乡的。

　　20世纪20年代前后，随着国内形势的剧变，随着早期出国华侨在南洋等国逐步站稳了脚跟，也有一些人和华侨选择在亲朋好友帮助下，或者自己一个或者举家奔赴南洋，史称"下南洋"。这些下南洋的人和华侨和早年一无所有既没有文化也没有技术者有一定区别，即他们往往有一些技能，有的也稍有家财，去南洋主要是为了躲避国内战乱纷飞的局势，并考虑在相对安定的环境里发挥自己的技能，找到一条新的生活道路，或者实现发家致富。这些华侨中的相当一部分凭借着手艺和勤奋在当地站稳了脚跟，逐步成家立业或者把仍在国内的妻儿接过去，他们在很长一段时间内和国内的联系是紧密的。但抗日战争爆发后，南洋的不少地方也沦为日军占领下的殖民地，这些华侨中经济状况稍好者和国内的联系时断时续。直到新中国成立后才有机会稍微改善。

抗日战争时期，亦有一部分人和乡民选择逃难到距离相对较近的南洋。比较突出的是在1938年初广州遭日机大轰炸后，不少乡民带同家人和乡亲逃亡香港。1938年10月，广州沦陷后，家乡遭遇日军蹂躏，不少乡民因此奔赴南洋。但是好景不长，随着日军铁骑的步步深入，不少人和华侨随即转到新加坡，后来新加坡等英国殖民地亦相继被日军占领，人和华侨华人中不少又只得再次迁徙到南洋其他国家，如越南等地。目前，留在越南的人和华侨大多是抗日战争时期避难到此，然后一直留在当地的。总体而言，抗日战争结束后，绝大多数华侨又返回新加坡、马来西亚等地。

即便南洋的人和华侨华人人数较少，但也不乏佼佼者。其中，祖籍鸦湖的曹建成是当地实力雄厚的华侨企业家。他随朋友初到马来西亚怡保埠谋生时，在当地冯合机械厂当实习机械工，受师傅精心培训，五年后习艺精良，为厂主器重。1920年，曹建成自创"合兴隆"铁厂，专造矿场器具，如大小砂泵、各种机件等，销售到霹雳各商埠，带动了机器行业的发展。因生意兴隆，资金丰沛，便广置橡胶园，并经营矿业、椰园和生果园。1935年被当地同乡选为怡保番禺会馆会长，他广招会员并成立善后互助部，第二年加设留医所，凡会员有疾病者可以到留医所疗养，会务进展迅速。由于会员人数增加，他遂发起组织筹建会所，他和全体筹建委员四处奔走发动热心人士捐资购买会址。1941年日军南侵，会务停顿，经委员会商议将番禺会馆的所有财产、家私杂物全部搬至曹建成的铁厂寄存。抗战时期，他积极发动马来西亚南番顺三邑的华侨捐资购买大型救伤车，回国救护伤兵及难民。曹建成一直热心捐输当地各学校和慈善团体，以及国内外赈济或公益事业。

旅居新、马的人和华侨成就较突出的还有叶绍新。他是新加坡摄影艺术家，擅拍人像，他创办的首邦影室和首邦摄影材料公司、首邦彩色中心、勿洛首邦摄影材料公司，在新加坡摄影界有一定影响。祖籍人和的刘祺在新加坡经营各国玻璃出口生意及金属铝业工程，成绩突出。这些人和华侨华人用自己的勤劳、智慧和勇气，书写了人和人"下南洋"的新篇。

第三章

侨团春秋

有阳光的地方就有华侨华人，而有华侨华人的地方，必然有侨团侨社。早期生活在海外的侨胞群体，远离故土，创业艰难，侨胞之间亲情乡情的慰藉，群体力量的互助，是他们在异国他乡落地生根的重要支撑，"结社成团"成为侨胞们在海外生存和发展的必然选择。据不完全统计，海外华侨华人社团数量现已发展至两万多个。

侨团一般为以地缘、业缘、血缘、文缘、善缘、艺缘等为纽带而建立的公益性组织，在联络邑侨、团结乡亲、济困扶危、抱团发展、沟通乡里、传承文化、支持家国等方面发挥着重要作用。他们聚成一团火，让身在异国的同胞们抱团取暖、形成合力，并形成回报家国的强大力量，又散作满天星，在世界各地散发出耀眼光芒，夯实华侨华人在住在国的发展根基。

白云人和华侨华人因其悠久的发展历史，是建立海内外侨团并推动其长足发展的重要力量之一，在海内外拥有较大知名度和影响力侨团如昌后堂、禺山总公所、中华通惠总局等，皆有人和华侨华人参与和推动的身影。更加难得的是，人和华侨华人依托地缘优势和顺应侨胞所需，开创性地在家乡建立起幸福会、保安和两家百年侨团，让人和华侨华人与故土相连相通有了实实在在的载体。虽历经岁月沧桑和时代变迁，但两家百年侨团至今仍发挥着不可替代的作用，焕发出新的活力。

相知无远近，乡音总关情。海外侨团与住在国民众联系广泛，正充分发挥熟悉住在国国情、民情和社情的优势，以侨为桥，推动中华文化走向世界，促进中外文化相互借鉴。展望未来，海外侨团将进一步发挥"服务侨胞、展示形象、友好桥梁、传播文化"的功能，发扬中华民族自强不息、厚德载物、诚实守信的优良传统，为促进侨胞与住在国民众和谐相处和中外友好作出更大贡献，而人和华侨华人必将在这一新的时代课题中发挥独特的作用，彰显独特的文化价值。

一、广州知名侨团的人和印记

广州这座城市有着十分深厚的开放基因，尤其是近现代以来，广州成为中国开风气之先的引领地。广州华侨华人在海内外辛勤耕耘、开基创业，取得了不俗的成就，遂成了海外侨团建设与发展的主要力量，而人和华侨华人又是其中重要的参与者、推动者和见证人。昌后堂、禺山总公所、中华通惠总局、爱群总社等广州海外知名侨团的创立和发展历程，人和华侨华人多有参与和推动，留下了弥足珍贵的人和印记。

（一）昌后堂：慈善为本，扶危济困

昌后堂成立于1858年，主要由禺北（主要为今广州市白云区）一带旅居美国旧金山（即现在的旧金山）为主的侨胞所创立。创立之初，即以"慈善为怀，联系乡梓，亲善睦邻，守望相助，济贫扶窭，赠医施药，捐助舟资，执拾先人遗骸运送回原籍安葬，阴安阳乐，为邑人服务"为宗旨，是禺北一带侨胞在海外较早成立的侨团之一。

遥想当年，最初出国的先侨们身处异国他乡，人生地不熟，地位低微、收入微薄，至老病残年时，欲归故里，却身无盘缠。更有甚者老死海外，骸骨难归故里。旧金山禺北乡侨的有识之士，遂发起成立昌后堂。

刚创立时，昌后堂既无固定堂址，也无固定资产，亦无完整的章程，需要聚集议事时，常借用乡侨店铺作临时集合之所。其所需资金，亦由乡侨乐捐，属于民间自发的慈善团体，与内地"善堂"功能相差无几。随着慈善事务的持续开展，越来越多的乡侨加入其中，旧金山昌后堂的机构逐步健全，资产也逐步增多起来，运行逐步顺畅起来。这样一来，昌后堂便在侨胞中有了较高声望，为乡侨服务的综合功能也健全起来，如为侨胞赠医施药，参与调处乡侨之间的纠纷等等。

据《白云区华侨港澳志》记载，旅美的乡侨如因年老体弱，不能工作而又无积蓄者，昌后堂则资助旅费回乡；若病逝美国，但身家萧条者，则负责其殡葬工作和费用。即使不是该堂会员的过境华侨，或因穷困或因疾病，亦资助旅费或医药，进行慈善赈助。

昌后堂在三藩（旧金山）置有墓地，设为旅美乡侨身故后在海外埋骨之所。每年的清明、重阳，三藩乡侨结队前往祭扫，每隔十年，则捡拾先侨遗骨转运回国，由香港"继善堂"（由昌后堂在香港设立的机构）接手运回原籍安葬。昌后堂还拨款在当时的高塘墟（现白云区江高镇）建立昌善堂，作为代管代收华侨书信、代接运安葬先侨遗骸的机构。

1884年，旅加拿大的温哥华、域多利的广州侨胞相继建立起昌后堂组织。域多利是现加拿大不列颠哥伦比亚省会维多利亚市的音译。当时，乡侨因外语水平有限，出国后对旅居地的地名通常用意译或音译称谓，便于寄递者认识，久而久之，形成了一种具有侨乡特色的地名文化。

域多利成立禺山昌后总堂参照美国旧金山昌后堂的章程办事，亦是慈善团体。当时没有会址，如需议事，轮流在乡侨开设的泰巽号、永祥号、信源、协益、昌泰隆等商号进行，主要活动是节令祭扫、捡运先侨遗骨、代写侨梓书信、施济医药、捐助舟资等。其进支账目，多由邑属商店轮流管理。时至今日，"禺山昌后总堂"的大木招牌，仍然挂在域多利禺山分所内，成为侨团变迁的历史见证。

1903年，加拿大工党发起排华风潮，侨胞经济损失巨大。此时，温哥华侨胞也成立昌后堂组织，团结广大乡侨，维护合法权益。1924年，禺山总信局成立，该堂便借用禺山总信局为堂址。1939年，总信

◎ 旧金山番禺昌后堂的前身是禺山信局

局改组为禺山总公所，同时，在各埠设立通讯处。从此，昌后堂的组织便由禺山总公所代替，慈善为本、扶危济困的精神得以永续相传。

（二）禺山总公所：丹心为国，发扬光大

禺山总公所是由昌后堂温哥华分堂演变过来的。1924年，迁居温哥华的广州乡侨已达数千之众，其中禺北乡侨众多，尤其以人和地区蚌湖、鸦湖、同文三乡人氏居多。经乡侨大会商议，一致同意将昌后堂温哥华分堂更名为禺山总信局，并募款租赁凡打街111号为局址。20世纪30年代，依托禺山总信局正式成立禺山总公所，第一届常务委员为蚌湖籍乡侨杨伯安。

1. 取名彰显家乡情怀

"禺山总信局"缘何取名禺山，主要在于凸显家乡情怀。

在历史上，现广州市白云区的大部分地域属番禺县管辖。公元前214年，秦始皇统一岭南，设置南海郡、桂林郡、象郡。首任南海郡尉任嚣来到珠江之畔，决定将郡治设在此地，依靠番山、禺山修建"番禺城"，历史上称为"任嚣城"，后人将此视为广州建城之始。据传，禺山又在番山之北，故禺北一带先民，均以"禺山人"自称。

其时，在禺山总信局诞生之前，先有禺北旅美乡侨在纽约创立了禺山信局。1918年至1964年期间，禺北旅美乡侨或租赁、或购置当地房屋作为局址，是替旅美乡侨转达信件、汇寄款项和集会的处所。信局是当时民间代人寄递信件的一种机构。禺山信局的成立，在一定程度上推动了信局的发展和侨团组织的建设。至1974年，该社团更名为纽约番禺同乡会，仍然保留着家乡印记。

20世纪30年代，依托运行良好的禺山总信局，禺山总公所正式成立。当时，会众筹款于片打东街37号建永久会址。其立会宗旨是："团结互助，共谋邑侨之福利，共办桑梓之公益事业。"主要活动除联络乡侨、救国护侨之外，公所下辖的游艺部自备瑞狮仪仗，凡中西有意义之节日都组织庆祝巡游，传承中华文化。

自禺山总公所成立后，各地分支陆续设立。除域多利禺山分所外,北美洲其他城市还有满地可(即今蒙特利尔)禺山分所、嚼磨禺山分所、山打沥禺山通讯处、亚班尼禺山通讯处。禺山总公所设有华侨中文学校,还有醒狮国技班、音乐曲艺组等。曾任过两届禺山总公所委员的黄滔,是颇有名气的振华声粤剧团团长,屡次被邀请回国参加演出。

据《白云区华侨港澳志》记载,禺山总公所历届理事长多为人和、龙归籍乡侨。禺山总公所现有4000多会员,属于海外大型侨团之一。每年都有数次大型活动,如新春大游行、清明拜祭先侨、夏季郊游、禺山周年庆等,禺山醒狮队表演更是享誉温哥华。

百年寻梦,家国情深。在一个多世纪的奋斗历程里,禺山总公所始终与祖国风雨同路、荣辱与共,祖国每有重大灾难、疫情和建设,它总能及时伸出援手,展现了一个百年侨团浓浓的家国情怀。

1931年,日本挑起九一八事变,发动蓄谋已久的侵华战争,中国人民开始了长达14年艰苦卓绝的抗日战争。1938年,广州沦陷后,在禺山总公所的倡导下,旅加拿大乡侨组织了禺山灾区难民救济处驻加委员会。为支援祖国抗战,禺山总公所发动乡侨参加救国公债捐、航空购机捐、棉衣捐、一碗饭捐、寒衣捐、七七救国捐等,展现其拳拳爱国之心。

据其会刊记载:"自九一八之后,疯狂残暴的倭寇,意图囊括中国……首都既陷,广州随之失守……而番禺地当要冲,被祸尤烈,邑侨痛国家之蹂躏,悯昆仲之颠连,爰乃共兴义愤,同怀善心,即行开会议决,组立禺山灾区难民救济处……幸蒙邑侨桑梓是怀,不旬日而集巨款六千余元,该款已先后分寄港方及韶关本邑各商店发赈。"

而后,为宣传抗日救国思想,乡贤曹丽培等人倡议、总公所支持创办《禺声月刊》,及时揭露了日本帝国主义的侵略野心和暴行,并连续报道前线战况和家乡情况等,鼓舞人民抗日斗志,乡侨争相传阅,在当时具有较大的影响力。此刊每月出版一期,直到1949年才停刊。

◎《禺声月刊》

  1943年，禺山总公所新会址举行落成大典，以"娱乐不忘救国"，又发动乡亲节约献金，几天内即筹值国币二十万余元之巨。其中，寄国内财政部代赈济伤难费国币十七万元，并汇交幸福会、广安、保安和施赈乡难费五万余元。这些均体现了华侨华人爱国爱乡的赤子情怀。

  2. **爱国爱乡薪火相传**

  新中国成立初期，家乡百废待兴，学校、医院、路桥、养老院等建设都得到了禺山总公所的慷慨捐助。在改革开放初期，禺山总公所组织乡亲们回国观光旅游、观看龙舟比赛、参加品荔联谊、新春座谈等活动，加深他们对祖国和家乡的了解，增强他们投资祖国和家乡的信心。

  据禺山总公所50周年纪念特刊记载："组织青少年回国参加夏令营，学习祖国优良文化，组织庞大旅游团回国观光，又发动了支持家乡文化福利事业的建设等。祖国的亲人在这几年里，也不断到来访问，由此可见本会已起到了侨胞与祖国的沟通及联系的桥梁作

温哥华禺山总公所醒狮队每年春节向各商户拜年

1997年11月，人和镇举办欢迎加拿大温哥华禺山总公所观光团座谈会

用。""1987年成立奖学基金委员会，鼓励会员子弟勤奋学习，培养将来造福社会的人才。"

新世纪以来，在面对长江特大洪灾、南方冰雪灾害、汶川大地震和非典、新冠疫情时，禺山总公所与祖国"战"在一起，急同胞之所急。对于加拿大当地的天灾、城市治理和公卫事业，它也多次伸出援手。

华侨华人是加拿大较早的移民之一，为该国的发展，尤其是早期的开发建设，作出过一定的历史贡献，有的甚至献出了生命。但在一个历史时期内，加拿大当局专门针对华侨华人推出了"排华法案""人头税"，导致他们长期骨肉分离或抱憾终身。

面对歧视与不公，禺山总公所挺身而出，广泛团结侨胞，通过向政府请愿、代表加拿大参加反法西斯战争、参与当地赈济救灾，参加华埠新春大巡游和多元文化社区建设等方式，推动当局逐步废除"排华法案""人头税"，还就"人头税"向华人公开道歉。经过不懈努力，禺山总公所为同胞们逐步争取到更多的平等权利，也帮助更多的同胞融入主流社会。此外，经过侨团侨社的成长历练，一批优秀的新一代华侨华人，开始参选参政，亦得到了广大侨胞的大力支持。

苏成坤和曹丽培是参与禺山总公所创立和发展的代表性人物。苏成坤是知名的加拿大侨领，其于1969年赴温哥华，先后任华埠烧腊商会主席、温哥华商会主席、温哥华禺山总公所理事长。1982年，他与友人创办加拿大第一家华人电视台——温哥华世界台，后又与友人创

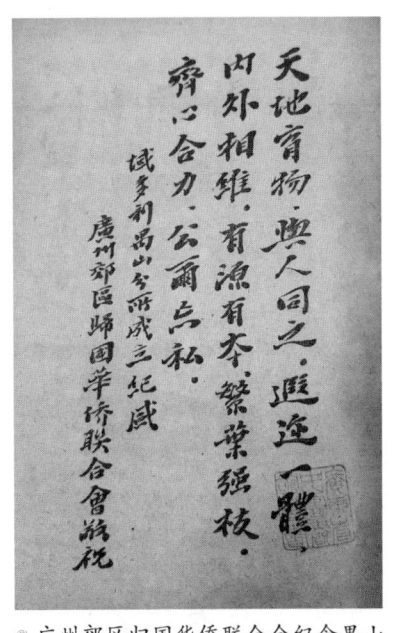

◎ 广州郊区归国华侨联合会纪念禺山总公所域多利分所成立的祝词

办国泰中文电视台,任董事长。为宣传中华文化,维护华人利益做出许多努力。1991年中国华东遭受特大水灾,任卑诗省赈济中国水灾委员会副理事长,为筹款出力,曾获温哥华"十大杰出华人奖"。

曹丽培原名曹仲雅,1908年赴加拿大温哥华半工半读,后与人合营酒家。1931年创办禺声月刊社,报道中国时局和家乡消息。抗日战争期间,他和其他侨领发动"壹碗饭运动",筹款救济家乡难民;发动"献机运动",筹款购买战斗机;发动购买公债,支援祖国建设。

1939年,曹丽培参与筹划捐款兴建温哥华禺山总公所永久会址,曾任总公所执事、主席。1945年后,其与曹振威、曹桂荣等侨胞率先倡议,并带头出钱出力,重建家乡侨校——鸦湖乡国民中心小学。

(三)秘鲁中华通惠总局:通商惠工,续写荣光

秘鲁中华通惠总局是秘鲁华侨华人的全国性总设机构,历史十分悠久。其于1884年开始筹建,1886年,正式奉清光绪皇帝御颁圣旨成立,创始人为清廷驻秘鲁公使郑藻如(广东香山人),取名通惠总局,意在"通商惠工"。

◎ 郑藻如

秘鲁中華通惠總局
SOCIEDAD CENTRAL DE BENEFICENCIA CHINA

1. 三大信条立定会旨

1884年，清朝政府派出光禄卿郑藻如出使美国、西班牙、秘鲁三国。郑藻如于当年6月抵达秘鲁，了解到华人至秘鲁已近40年，分散在秘鲁各地，有六七万人。郑藻如认为，如果不及时把各地华人联络和团结起来，难以保护华人的权益，也无法兴办各类善事。在此背景下，他开始组织骨干力量，创设中华通惠总局。

郑藻如创设通惠总局，其意义十分深远。当时华人都明白大义，纷纷响应并踊跃捐款，筹集总局经费。1886年春，购得房产作为会所。同年，由郑藻如通过外交途径获得秘鲁政府批准成立，并议定总局章程，在各知名华商中公选出总理和协理，轮流主持局中事务。

总局以"总理秘鲁华侨的慈善公益事业，加强华侨相互扶助，继承和发扬中华民族传统，维护华侨权益"为宗旨，并秉承"覆帱无私、通商惠工、义重合群"三大信条，在团结广大华侨华人、支持祖国建设、发展中秘友谊等方面作出了重要贡献。

◎ "覆帱无私、通商惠工、义重合群"三大信条

其中，覆帱无私，即"努力办好侨事、管理好侨业"；通商惠工，即"团结广大华侨、华人，维护侨胞权益，增进中秘友好交往"；义重合群，即"共同求发展，和睦相处，维护、发展中秘友谊；爱国爱乡，支持祖国、家乡建设，支持祖国和平统一大业"。

总局初期组织为董事制，1947年起改为理监事制。目前在首都利马市共有番禺、古冈州、中山、同升、鹤山、龙冈亲义公所、介休、花都会馆、中山隆镇隆善社、台山会馆、东莞同乡会等主要基层属会；在秘鲁北部、南部和中部则有十六个外地中华会馆属会。

现存的总局大楼为第二次重建。据秘鲁首都利马市国立图书馆所藏档案记载，总局大楼于1957年重建并扩大局址，得到了曹海、戴宗汉、刘金良等知名华商的大力支持，各地侨胞亦纷纷捐助，共筹得资金650多万元。新址楼高四层，首层为总局办公地址，内设可容纳800多人的大礼堂，还有会议厅、会客室、阅览室、书记办公室等，上三层为旅馆，有客房50余间。新址于1959年10月剪彩开幕，当时的秘鲁总统受邀主持了揭幕典礼，可谓盛况空前。目前，中华通惠总局已发展成为秘鲁境内历史最悠久、影响力最大的全国性侨团组织。

◎ 总局正门

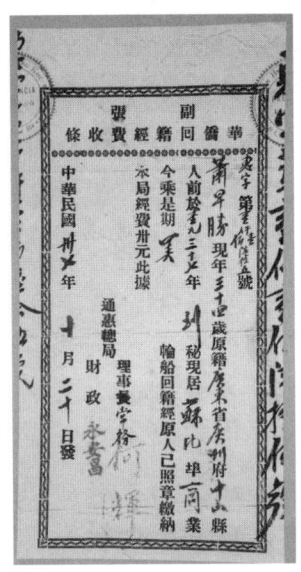

1948年，秘鲁通惠总局的华侨回籍经费收条

2.华社之光名扬四海

秘鲁中华通惠总局成立初期，便建立了一所患病及伤残华工收容所，将老、弱、病、残，无依无靠，生活不能自理的难侨收留下来，并资助旅费给有困难的侨胞让他们返回故乡。新中国成立后，总局在广州建设有秘鲁归侨安集所，确保回国后无依无靠的老华侨能安度晚年。

抗日战争时期，总局组织对日宣传筹饷会，并在秘鲁各埠设立分会，领导侨胞捐款支持祖国抗战，共计捐款100多万美元。总局属下的隆善社举行墨宝义卖筹饷，孙科、冯玉祥、白崇禧等知名政要在百忙中书写多幅题词，在海内外产生了重大影响。这些墨宝至今仍保存在隆善社陈列室内。

近几十年来，总局坚持开设免费诊所，为贫老华侨华人服务；每年慰问老人院的老华侨；每逢新年春节诚邀善长仁翁与总局一道，向贫老侨胞赠送红包利是；为新移居的华侨举办西班牙语补习班；为华裔办中文学习班、太极拳学习班乃至风水班等社会公益事业；联同当地医院举办医学讲座、免费为侨举行健康检查。

总局专门成立了已有十几年发展史的醒狮团，旨在推动优秀传统文化发扬

104 / 四海同根——白云区人和镇华侨文化史话

○ 通惠总局和各大会馆的醒狮团齐聚利马唐人街迎新春，为唐人街附近的商铺、餐馆等拜年送福

光大，醒狮团经常受邀到各地表演助庆，弘扬中华文化；总局专设了中文图书馆免费向侨胞开放借阅；特设律师、会计师免费咨询服务处，使广大侨胞对居住国的法令有所了解，为侨排疑解困；对外经常与政府有关部门交涉、会谈，为华侨华人伸张正义，争取平等权利和合法权益。

此外，总局还协助当地警方搞好警民关系、维持治安、降低犯罪率；协助和配合祖国驻外机构、国内涉侨单位举办各类型的座谈会、庆祝会、联欢会；接待多个来自祖国的各级各类访问代表团，促进了中秘交往和友谊；当住在国和祖国发生自然灾害时，总局多次发动侨胞捐款捐物，并组织筹款委员会以华人名义每年向秘鲁全国性电视筹款节目捐款，这些义举受到中国和秘鲁政府表彰与舆论界的好评。

秘鲁中华通惠总局对侨居国的公益事业亦贡献良多。1921年，秘鲁独立100周年，中华通惠总局发动侨胞捐资，向秘鲁赠送了一座具有意大利古典派雕塑艺术特色的大型喷泉雕塑纪念碑。

该喷泉水池上方，有形态各异的人像雕塑，象征各族人民大团结，每个人像都有一个喷水管，把水喷到一个大云石池，再分两个流水口流出，寓意是一股水代表秘鲁的亚马孙河；另一股水则是代表广东的珠江（秘鲁华侨绝大部分为珠江三角洲人），两股水最后汇成一股水，象征中秘人民的亲密友谊。该碑工程浩大，庄严雅观，费时三年才告落成。

1924年7月27日，总局特举行赠送典礼，秘鲁政府许多政要出席参加。时任总统利希耶在答谢词中说："虽然太平洋把我们两国分隔各在一方，但两国的悠久历史文化的沟通已发展起来，西方人民对中国文化是仰慕的，我代表全国人民感谢中国侨民送给我们的珍贵礼物，它代表两国人民的亲密友谊，是人类种族的联合，是永恒友好的象征！"1982年，秘鲁北部发生大水灾，中华通惠总局发动华侨华人捐资2800万秘币，救济受灾民众，深得秘鲁政府和民众赞誉。

1986年9月，总局举行成立100周年纪念庆典，编辑出版《秘鲁中

◎ 利马博览会公园里旅秘华侨捐赠的喷泉

华通惠总局成立100周年纪念特刊》，填补了秘鲁华侨史的空白。2001年11月，《秘华商报》得以出版发行，秘鲁华侨华人从此有了自己的报章，并以它的公正严谨、版面新颖、图文并茂、报道迅捷、评论有力、综合性强和广告效益显著等赢得了广大侨胞读者的喜爱。

辽阔的太平洋阻隔不了中秘人民之间的深情厚谊。总局是一个在中秘两国都极富影响力的侨团。曾任总局主席、顾问的戴宗汉先生，被秘鲁政府授予农业功臣勋章。2016年，第八届世界华侨华人社团联谊大会在北京举行，国务院侨务办公室授予总局"华社之光"荣誉称号，这是对该侨团历史贡献和社会责任的一种充分肯定。

走过百年风雨历程，总局始终秉持初心，为侨胞和住在国、祖籍国发光发热，堪称百年侨社之典范。人和华侨华人戴宗汉、戴贺廷等知名侨领，曾在该局担任要职并作出重要贡献。人和侨胞历任总局理事、监事等人员超过20人。总局现任主席沈达坚的祖居地即为鸦湖村。

◎ 中国驻秘鲁大使馆和通惠总局华助中心帮助老侨回归故里

（四）爱群总社：两度创社，搭建桥梁

爱群总社前身为爱群阅书报社，成立于20世纪20年代。由旅加拿大温哥华的鸦湖乡籍侨胞曹桂芳、甘金宏、曹仲雅、曹松芬、沈培生、叶甘雨、曹振威等人发起成立。社址在卡路道林九牧公所右邻，新泰杂货行之二楼，宗旨是联络同乡感情和提高乡侨文化水平。

早期出国的乡侨大多是只身生活，又语言不通、社交缺乏，生活很是枯燥和清苦。爱群社的成立，为乡侨提供了阅读书报和聚会交流的场所，既丰富了乡侨的业余生活，又涵养了乡侨的精神世界。

温哥华鸦湖乡爱群社同仁考虑到乡侨汇款回乡，以往多通过私人渠道汇兑，屡受中间剥削之亏，遂发动乡侨捐款在家乡筹建鸦湖乡华侨幸福通讯社（简称"幸福会"），作为沟通海外与家乡的侨汇渠道，为华侨与侨属服务。1931年，幸福会在广州西关抗日西路（现为和平西路）购置店铺3间作为固定社址。

新中国成立后，国内的侨汇邮政业务逐渐统一由中国人民银行办理，温哥华鸦湖乡幸福会的侨汇邮政业务因此而终止。当时，温哥华鸦湖乡爱群社的创始者多已辞世或离散，爱群社遂暂停活动。

1990年，鸦湖乡旅南美洲洪都拉斯著名侨领、华人总商会主席叶鹤鸣先生，千里迢迢赶赴加拿大温哥华，与当地乡侨深入交流，倡议复办鸦湖乡爱群社。他们设想，先把鸦湖乡乡侨组织起来成立一个社团，既有利于加强乡侨之间的联系，凝聚侨心，促进乡侨和谐，使大家能够互助友爱，又可以加强与家乡的联系，支援家乡建设，同时管理和维护好先侨创下的物业资产，传承先辈们团结互助的好传统。

叶鹤鸣复办爱群社的倡议很快得到乡侨响应。旅温哥华的鸦湖乡侨段健全、曹灼真、陈灼贤、沈傲霜等15人被推举组成筹委会，负责筹备复社事宜。当时，叶鹤鸣与曹灼真、段健全等人，在温哥华禹山总公所，多次商讨置业方法和物色建社地点等工作。

次年6月1日，叶鹤鸣再度来到加拿大温哥华，并在温哥华华埠缅街205号2楼，即曹灼真的商铺内，召开有关重组鸦湖乡爱群社会议，

◎ 爱群总社第一届职员合影留念

并作出了系列决定，包括购买房产物业作为爱群社社址，选举出爱群社第一届职员，完善社团结构等等。在乡侨们出钱出力之下，爱群社在华埠派亚街337号购置了屋宇，并定为永久社址。

随后不久，温哥华全体鸦湖乡乡侨欢聚在华埠喜万年酒楼隆重举行鸦湖乡爱群社乔迁入伙庆祝活动，设宴50多席。会中有瑞狮起舞、卡拉OK等多项活动，乡侨共聚一堂，喜气洋洋。

新任社长曹灼真先生致辞："鸦湖乡爱群总社"正式成立，从今以后温哥华鸦湖乡爱群社命名为"鸦湖乡爱群总社"，是鸦湖乡在海外华侨的组织。

1993年2月20日，加拿大温哥华鸦湖乡爱群总社举行了复办后的第一次联欢会。会堂上挂上一副对联，上书：爱其所亲原本性，群而能乐亦前缘。

加拿大温哥华鸦湖乡爱群总社的重新成立，使当地乡侨能够有组织、有序地管理国内外相关事务，服务桑梓。历任社长有曹灼真、段健全、曹万芳等，宗旨为团结旅海外鸦湖乡侨，争取乡侨正当权益，互助互爱，支持家乡福利事业，督导家乡幸福会的工作。

目前，爱群总社有严谨的章程、固定的会所和丰富的社团活动。每年定期举办乡亲联谊、新春巡游、缅怀先侨等活动，还定期指导鸦湖乡华侨幸福会开展工作，支持祖国和家乡建设，并多次参与祖国和家乡的抗震救灾等活动。2020年，爱群总社发动乡亲筹得12.2万元人民币善款，并在白云区侨联和鸦湖乡华侨幸福会的见证下转交给白云区慈善会，定向捐助人和镇政府防疫抗疫事业。

1999年10月，人和镇领导出访爱群总社

2024年10月，华侨舞狮庆祝爱群总社成立100周年

在爱群总社的复办和发展中，祖居鹤亭村的旅加拿大华侨曹灼真作出了重要贡献。他出生于华侨家庭，20世纪50年代先随父亲到圭亚那谋生发展，后又随父母移居温哥华。他品学兼优，在加拿大就读大学时主修财务，曾在加拿大政府部门工作，拥有丰富的创业经历，视野开阔、热心公益。他担任社长期间，多次回乡商讨社团发展大计，在家乡兴建起幸福会的永久会址，为社团长远发展奠定了基础。

二、幸福会的前世今生

在美丽的流溪河畔，一栋凝结着数代鸦湖乡侨心血的商业大楼矗立着，成为人和镇中心区域颇为知名的地标性建筑，这就是鸦湖乡华侨幸福会的国内会址所在地。鸦湖乡华侨幸福会又称鸦湖乡华侨幸福通讯处，始由鸦湖乡旅加拿大侨团爱群社发起，其初始宗旨是为海外鸦湖乡侨代办信汇业务和沟通海内外信息，在广州侨界极具知名度和影响力。

历经百年风雨，幸福会重义守信、诚心服务，赢得极佳的口碑和声望，不仅仅是鸦湖乡侨信任它，人和、龙归地区及至周边区域的侨胞也对其钟爱有加，幸福会是广州众多侨团中的一块金字招牌。

（一）鸦湖溯源

人和地区古来属番禺县管辖。清朝光绪年间，人和地区设同文社和淳风社，鸦湖属淳风社下辖的9个村庄之一。1931年，人和地区属番禺县第八区管辖，下辖8个乡，鸦湖乡是其中之一。1946年，废区并实行乡、保、甲制度，人和地区设置同文乡，辖29保；鸦湖乡，辖32保；蚌湖乡，辖30保，这一区划一直维持到新中国成立前夕。

新中国成立后，人和地区区划几经变更，先后为番禺县、广州市郊区和广州市白云区管辖。1961年，原人和人民公社拆分为同文、人和、蚌湖3个小公社，鸦湖是人和公社下辖的9个生产大队之一。1963年，3个小公社又重新合并为人和人民公社。1984年，废公社建制设立人和区公所，原属下的生产大队改为乡，鸦湖乡曾短暂恢复。

1987年，广州市郊区更名为白云区。同年，由人和人民公社改设而来的人和区公所撤销，成立人和镇，鸦湖成为人和镇下辖的行政村至今。由此观之，鸦湖一直是人和地区重要的组成部分。在人和华侨华人心中，古老的鸦湖乡并未远去，鸦湖乡早期辖属的鸦湖、大巷、方石、鹤亭、秀水、凤和、横沥、岗尾8村，至今仍属于海内外鸦湖乡侨的共同记忆。

从地理位置看，鸦湖距离广州市区约20千米，发源于广州西北部从化桂峰山的流溪河，自东北向西南流经广州白云区钟落潭镇进入鸦湖，然后汇入白泥河进入珠江，再汇入南海。鸦湖村、大巷村、方石村、岗尾村、横沥村、凤和村在流溪河的西岸，秀水村和鹤亭村在流溪河的东岸，区位优良，土地肥沃，属于岭南水乡的核心地带。

鸦湖先辈源于南雄珠玑巷。秦汉以来，随着人口南迁，作为岭南咽喉的南雄，人口逐渐增多。唐宋以后，南来北往路过南雄珠玑巷的商旅络绎不绝。据《南雄县志》载："南雄因扼五岭南北交通孔道，既收货物转输之利，且得中原文明之先。唐宋两代中原动乱时期，大批仕宦之族度岭南迁，多先驻足南雄，休养生息，而后或定居或南徙。"

南雄珠玑巷是古代中原人翻越梅岭后到达岭南的第一个商业重镇，历代以来迎来了众多的氏族大家，部分家族在此休养生息后，再次南迁地理条件更为优越的珠江三角洲一带。南雄珠玑巷亦成为中原南迁民族的中转地和广府文化的发源地。这些南迁后裔称其为"七百年前桑梓乡"，直到今天，仍有众多家族后人前往珠玑古巷寻根问祖。

位于人和镇鸦湖村的曹氏宗祠，始建于明朝万历年间，是曹氏迁徙人和后建成的第一个曹氏宗祠。据记载，曹氏族人祖籍河北，南宋末年，先祖曹氏伍隅公从南雄珠玑巷南迁，先定居在现在的石门鸦岗一带，但当地地势低洼，容易水浸，不利于居住和耕种，族人便沿着流溪河两岸继续寻找合适的居住地，最终选择了鸦湖。相传，他们在该地发现一块方形大石头，遂定名为"方石村"。后来由于战乱及灾害，村民曾四处逃难，远离故土，待情形安定后，方再迁居回方石村。在此前后，鸦湖沈姓始祖和叶姓始祖也相继从外地迁入，在此开枝散叶。

地名，不只是一个地理符号，更是一方文脉的化身。据《广州市地名志》（1989年版）记载："鸦湖相传宋末建村，因原有一个湖，湖旁树林常聚乌鸦，故名。"鸦湖人世世代代在流溪河畔丰饶的土地上辛勤劳作，或耕或商，安居乐业、繁衍生息。

19世纪中叶过后，中国逐步沦为半殖民地半封建社会，鸦湖人遭受压迫，难以安定生活，源自先祖血脉中不畏艰难、勇于开拓的基因再次被激活，一批又一批鸦湖人漂洋过海，踏上了海外谋生之旅。"侨"字逐渐铭刻在鸦湖的历史印记中，鸦湖成为十里八乡远近闻名的侨乡。

（二）创办鸦湖乡华侨幸福会

和其他早期迁居海外的华侨华人一样，鸦湖人只能做廉价的劳动者。虽然努力拼搏工作，节衣缩食，但收获甚微。随着社会的经济发展，就业机会逐渐增加，工作逐步安定，收入也逐渐增加，生活状况逐渐好转。

仓廪实而知礼节。鸦湖人十分注重对后代的培养和教育，后代也多成为有文化有知识的新一代，不再是贫穷落后的族裔。几十年下来，移民到加拿大温哥华的鸦湖乡侨人数逐渐增加，侨胞们积蓄多了，照顾家庭汇款的需求也随之增加。以往乡侨汇款到老家，都是委托私人商号办理，需要缴纳较高的中间费用，汇兑安全问题亦无法保证。

在加拿大温哥华的鸦湖众乡侨为了维护乡侨利益和主持公道，为乡侨和为乡民谋福利，群策群力决定成立一个专门机构开办侨汇邮政业务，时人称之为"信局"。通过信局，在加拿大的鸦湖乡侨把加币汇到国内会所，再由会所把加币转换成国币，转交给收款人即国内的亲人和朋友。

1916年，加拿大温哥华的鸦湖乡众乡侨决定开办侨汇邮政业务后，推选鸦湖乡侨曹桂芳先生等人成立筹备策划小组，并且把侨汇邮政业务这一个机构命名为"鸦湖阖乡幸福会"，意在为全部鸦湖乡乡民谋幸福。

一百多年前，由"省城十八甫维新印务局"承印的《倡办幸福会来往书信录之拟倡鸦湖阖乡幸福会小引》一文，详细地记载了当时鸦湖众乡侨结社成会的初衷，特摘录如下：

慨自共和建设，世尚维新，民志渐开，文明日启。稍具国民思想者，莫不竞言自治、竞言公益矣。不知自治也、公益也，俱非无经费可以办得到者也。然以地方上之财，办地方上之事，群策群力，则无忧经费之无从出也。昔孔子有言：因民之所利而利之，则惠而不费。是在吾侨之因势利导，善为筹措耳。以吾乡之旅加拿大者，不下八百人，旅花旗南洋各埠者，亦不下三四百人。以每人义捐五元计之，可得六千以为基本金。更兼以汇水一项，略为挹注。以每百得五元计之，年中约得五千元，以为常年经费。以此财力，则又何自治何，公益之不可为乎！况处此竞存世界，优胜劣败。稍不自振，则着着俱落人后，以为乡党羞。我桑梓其果甘居人后乎？以我邻乡之旅于是邦者，如蚌湖北村南村等，莫不联集大帮款项，寄回祖国，以谋家乡之幸福。唯我乡则人心沙散，寂然无闻。可胜耻哉，可胜惜哉！同人等有鉴于此。爰为之大声疾呼，联集一乡民大会，名曰阖乡幸福会。其宗旨专为谋一乡之自治，一乡之公益起见，出此范围外者，一概不能开支，以保存其基础。庶基础固而百事自可兴办焉。尚得梓里赞成，慨捐仗义。则将来由学堂而医院而宣讲所而阅书报，无不可以次第施行。吾恐不三四年间，而兴利除弊，风俗由此改良，人材由此蔚起，使之蒸蒸日上，以保我乡丰范群乡之美誉，以为我桑梓交游之光宠。岂不懿欤！是为引。

《拟倡鸦湖阁乡幸福会小引》一文阐明了创办鸦湖阁乡幸福会的目的、作用和必要性，阐明了开办邮政汇款业务的可行性。动员世界各地的鸦湖乡侨慷慨解囊，捐款支持成立幸福会。文中旗帜鲜明地提出，成立幸福会后，将把经营侨汇邮政业务取得的利润用于造福家乡，主要在家乡建学校、建医院、建图书馆和开展公益事务，以提高乡民的文化水平和素质能力，大力培养本土人才，为乡民谋长远福利。

据《百年侨梦》一书记载，1917年3月17日，在加拿大温哥华云高华埠新泰昌总代理处二楼，座无虚席、气氛热烈，鸦湖乡侨代表出席茶话会。先由沈秉松主席宣布会议内容，后由曹桂芳先生和沈培生先生发言，详细讲明开办鸦湖阁乡幸福会的意义和作用，得到了全体与会鸦湖乡侨的称赞和支持，"掌声响彻户外"。

（三）建立海内外联动发展网络

幸福会成立后，鸦湖乡侨旋即与家乡父老取得联系，共商国内会所的选址和确定事宜，考虑由鸦湖阁乡幸福会选定驻省城（即当时的广州城）汇所的司事人员和临时创办人员，并先行租赁省城上陈塘"永昌隆"字号铺位为会所，先取字号为"湖乡汇所"。

随后，鸦湖阁乡幸福会专门召开会议讨论上述事项，并将会议当天情况和选举结果，以书面形式用"旅云幸福会"的名义寄

○ 20世纪华侨侨批局——"华侨幸福通讯处"漆木匾，原件现藏于广州华侨博物馆

回家乡。"旅云幸福会"是指在加拿大温哥华市云高华埠的鸦湖阖乡幸福会。信中列出通过选举产生的驻省会汇所司事人员和临时创办人员的名单,并且嘱咐:着伊等于四月(即1917年4月)下旬开办。

此外,同在当日,鸦湖阖乡幸福会专函寄给被选入鸦湖乡"幸福会汇兑局"工作的司事人员沈炳戍、沈满、曹金扶、叶容兴的任命通知书,通知他们上任。短短月余,大事即定,足见鸦湖乡侨的团结一心。

当时,有不少鸦湖乡民对"湖乡汇所"一名有疑义,担心外乡人难以辨清"湖乡"是鸦湖还是蚌湖。经过讨论,驻省会汇所司事人员和临时创办人员也认为名不副实,干脆把"湖乡汇所"改名为"鸦湖乡幸福汇兑局",呈报万里之外鸦湖阖乡幸福会,得到了幸福会的首肯,驻省城汇所遂正式定名为"鸦湖乡幸福汇兑局"。

1917年5月,位于广州城的"鸦湖乡幸福汇兑局"和地处人和墟的"鸦湖乡华侨幸福会"通讯处正式营业,业务主要是代收代储和转发侨汇,将鸦湖乡华侨汇款集中收兑,然后转交给收款人,同时还承办信件邮递业务。

○ 位于人和大马路的幸福会旧貌

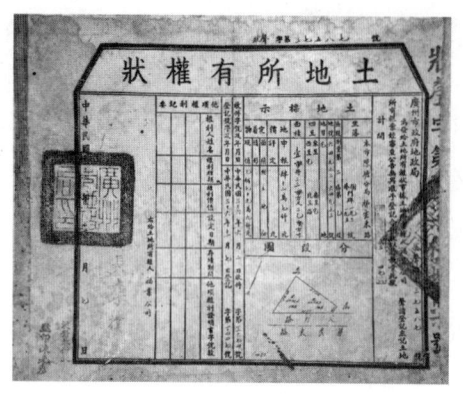

○ 早年幸福会位于广州和平西路的物业地契　　○ 1920年代古老保险柜则存放着幸福会侨汇及物业凭证等重要资料，原件现藏于广州华侨博物馆

鸦湖乡幸福汇兑局开业之时，即在会所内设置床铺，给往来广州的乡侨、侨眷和乡民提供免费住宿。20世纪五六十年代，有鸦湖乡民到番禺黄沙一带做临工，就曾在这里免费借宿过，且免交水电费。这些扶助乡民的具体事例，至今仍为鸦湖老人们津津乐道。

设于家乡的鸦湖乡华侨幸福会通讯处开业以后，为便利乡民，在乡中大庙和人和圩均设置信箱。每隔十天收信一次，邮资全免，侨汇代收、代储、转发、汇兑及信件收递等业务逐渐蓬勃发展。

（四）支持侨胞办报刊兴文化

20世纪20年代初，鸦湖乡掀起一股办刊宣传新思想、革除旧弊、启迪民智的热潮，得到鸦湖乡华侨幸福会及海外侨胞及其国内眷属的大力支持。

早在幸福会开业后的第二年，即在乡中大庙右侧的洪圣宫里面开设书报阅读房，供乡亲免费阅读，以培育乡民的学习风气和增长乡民见识。

1927年至1928年间，来自广州鸦湖学生会的曹毅等人继《幸福杂志》之后，又创办《鸦湖乡报》，成为鸦湖乡第一份综合性刊物。为更好地传播海内外新思想、新文化，幸福会开始大力资助侨胞所创办刊物，并负责出资和发行工作，分别赠给乡内外的乡民阅读。

此后不久，由曹国鹏、叶仲雅、叶挺奇等人创办的《新鸦湖》月刊，也是由幸福会出资发行并赠阅的。《新鸦湖》月刊出至第三期，引起广州鸦湖学生会的重视。广州鸦湖学生会随即开会讨论决定，邀请在广州的同乡罗德坚等人组成"旅市（广州）鸦湖同乡会"，出版《乡声》月刊，关注家乡发展动态，推动家乡文化事业发展。

《乡声》月刊内容丰富，代表性强，适合乡民阅读，所以发行很顺利。从起初每月发行500册，后来增加到每月发行1200册，还寄给海外乡侨，取得很好效果。由此，也引发了海外侨胞主动捐款赞助。《乡声》月刊办至抗日战争开始后才停刊。办刊人认真负责、精打细算，结余下来的印刷费，仍由鸦湖乡华侨幸福会储存。抗日战争胜利

◎ 当年幸福会位于广州和平西路的物业

后，在乡侨的大力支持下，《乡声》得以迅速复刊，一直办到新中国成立后。

在此期间，杨汤城、曹瑞洪等人创办《侨乡月刊》，亦得到鸦湖乡华侨幸福会从储存的印刷费中拨款支持，并且代理该刊的发行工作。

（五）历经战火考验再迎发展

20世纪30年代初，经过合议，业务稳步增长的幸福会在广州西关抗日西路（现和平西路）购置店铺，作为固定的办公地点和运营场所。当时，通讯处大门外有一副对联，上书：幸会同堂，桑敬梓恭，东道何须分主客；福沾有地，熙来攘往，满门谁不是鸦湖。

经此物业购置和扩大规模，幸福会有了更好的条件为乡民服务。声誉日隆后，幸福会的业务不断增多，从海外发回的信件和汇款通过这里源源不断地送回鸦湖乡，再安全妥当地分派至各家各户。

全面抗战爆发后，广州沦陷，海外的信汇一度中断。幸福会便派出叶泽才等人，到当时尚未沦陷的粤北韶关设立临时办事处，接驳信汇业务，为侨属解决了信汇不通的难题。在此危难时刻，受聘于幸福会工作的曹信孚作为侨汇经管人，遭受过一次严峻考验。

曹信孚为鸦湖乡方石村人，其叔旅居加拿大。他受加拿大温哥华爱群社之聘，在幸福会会所工作多年。日寇侵华期间，禺北地区汉奸土匪横行。有一次，土匪抢劫幸福会所，企图把侨胞存款抢走。但藏在何处只有曹信孚才知道。土匪们于是捉住他，威逼他把款交出，但曹信孚深知这笔款是侨胞们之血汗钱，是赡家养老之钱，失掉此款，他们便无以赡家养老，于是他宁死不肯将钱交出。

土匪们见他态度强硬，把他劫持到一个偏僻的地方，实行威迫利诱，但曹信孚始终不吐露藏金之地（当时侨胞确实有一批金钱藏于幸福会所密室内）。经过四十多天的扣押，土匪们将他折磨得死去活来，但始终得不到分文。后经多方周折，鸦湖乡民为救曹信孚出险，不得不用钱将他赎了出来。他从土匪里回来后，侨胞及乡亲去慰问他，有人送物送钱，有人送医送药，他一一表示感谢，但不肯收受礼

1947年，幸福会所开幕纪念照

物与金钱。20世纪60年代，他出席在北京召开的全国侨务工作会议，受到大会表扬。

抗战期间，人和墟遭受日本侵略者的毁坏。抗战胜利后，幸福会主动挑起了重建人和墟的重任，优先提供地皮，发动侨胞侨属投资建铺经商。一年后，一批批新店铺建成开业，使人和墟又重新兴旺起来。

趁此机会，幸福会在人和墟兴建起一座两层楼的新会址，占地千余平方米，当时造价即达15万元，并于1947年落成剪彩。会所内设办公室、会客室、客房、阅读报社、礼堂、小花园等功能房间，一切侨汇邮政业务如期进行，会所成为侨胞、侨属们的聚会交际之所。

中华人民共和国成立之初，侨汇只能到达香港。为接驳侨汇，幸福会特派甘日溪、沈练忠两人到香港设立办事处。海外侨胞先将汇款汇至香港幸福会，然后转回广州幸福会，再由办事人员亲自把侨汇送到侨属家里。后来，海外侨汇业务逐渐统一由中国人民银行办理，幸福会侨汇业务遂告结束。

《鸦湖乡幸福会基本金征信录》《幸福汇兑局辛酉年征信录》《倡议幸福会来往书信录》……幸福会至今，仍珍藏着当年会所每笔

○ 幸福汇兑局辛酉年征信录

开支的详细记录，以及不少汇总侨汇的初始凭证。幸福会犹如一座牢实坚固的大桥，深得海外华侨信赖，享誉国内外。

（六）侨情深深永流传

在每位鸦湖乡侨的脑海中，幸福既在梦想中想，也在实干中来。

创会至今，幸福会为华侨、侨属服务可谓诚心诚意，既包括海内外的通信联络、侨务咨询、办理出国事宜，也包括为侨属书写洋文信封，设立赠医局免费为乡民诊病，以及兴办学校、创办报刊、实业赈乡以造福家乡等等。

新中国成立后，百废待兴、百业待举，进一步唤醒了鸦湖乡侨回报家乡的热情，持续为家乡公益事业添砖加瓦。1956年，幸福会拨款2万元，由沈浩涛等人负责，办起有线广播站，向鸦湖地区各村庄播送新闻及文娱节目。次年，幸福会又发动华侨捐款，创办了鸦湖华侨中学（后改称人和华侨中学）。

学校开办之初，曾租用人和墟东街空置的店铺、茶楼充作临时校舍，先开两个班，第一任校长是侨属、老教育工作者曹广仁。及后，在人和墟紧邻流溪河畔划地建起了新校舍，逐步发展到6个班，最后并入了广州市第七十一中学发展至今。

○ 鸦湖乡华侨幸福会所扩建志

1962年，幸福会捐赠了两台电影放映机给落成不久的人和戏院，揭开了本地区电影事业的新篇章。同时，又在幸福会址另辟房间，重开"幸福赠医局"，聘请中医师潘汝生主诊，免收诊金，诊病开方。此外，还给各村赠送优质树苗，支持家乡绿化造林，遇上水灾，则及时拨款赈济受害群众。

改革开放后，广州改革发展一片欣欣向荣，幸福会亦迎来了新的发展机遇。1989年，幸福会理事、监事在向侨胞乡梓广泛征询意见后，决定将原广州和平西路的幸福会旧楼拆旧建新，利用原地块作投入，由合作者出资重建。大楼建成后，合作者对其中一半面积拥有一定限期的使用权。这样一来，幸福会不花一分钱便建成了9层共计5000余平方米的"工"字形大厦，其全部产权仍为幸福会所有。

1992年，幸福会议定将位于人和墟的旧会所重新拆建，建成一座现代化大厦。由时任广州市市长黎子流亲笔题写"鸦湖乡华侨幸福会所"，镶在大楼正面的玻璃幕墙上。大厦内，有会议大厅、客厅、办公室、礼堂，并有两层专门用作客房。底层则用作停车场，楼侧临街一带则建为商铺。1993年春节，大厦落成剪彩并专门举行了庆典活动。

百年善行，涓滴成河。幸福会创办于风雨飘摇的年代，淬炼于战火纷飞的岁月，成长于风云激荡的新中国建设和改革开放时期，它始终心向祖国，与祖国同呼吸共命运。100多年来，幸福会乡侨的爱心如流溪河水，深情地灌溉、滋润着家乡故土和美丽家园，为侨乡人民的幸福安康注入源源不竭的动力。近年来，幸福会被白云区人民政府授予"推动社会发展突出贡献奖"，正是对它所作贡献的高度肯定与嘉奖。

迈进新时代，幸福会将一如既往，秉承创办的宗旨，努力为侨胞、侨属服务，为造福家乡、回报家国贡献新力量。

◎ 1993年重建的鸦湖乡华侨幸福会所

○ 加拿大侨领曹灼真（左）、洪都拉斯侨领叶鹤鸣（中）为落成庆典揭幕

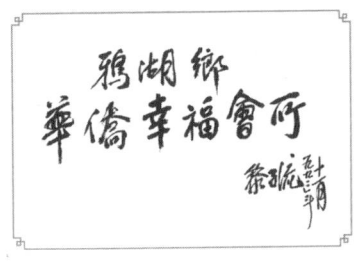

○ 幸福会所重建后，时任广州市市长黎子流为会所题字

三、保安和的峥嵘岁月

流溪河畔，骄阳似火；保安和前，人潮涌动。2024年7月31日，广州市首家街镇级华侨文化主题展馆——人和华侨文化展示中心在一座融合了东西方建筑艺术风格的建筑里向世人惊喜亮相。喧天的锣鼓声和欢笑声交织在一起，奏响了一曲百年行善、情怀桑梓的生动乐章，百年侨团保安和的神秘面纱在此缓缓揭开。

翻开人和的历史画卷，保安和是不容忽视的动人篇章。位于蚌湖的保安和华侨会所，不仅是乡侨回报桑梓的见证，更是延续华侨文脉的重要载体。人和镇华侨文化主题展馆依托保安和华侨会所这一历史建筑精心营造而成，集文化传承、接待交流、沟通联络、招才引智、侨务服务等综合功能于一体。百年侨团焕发新活力的光辉历程，正展现出了人和华侨华人与家乡人民风雨同舟、和衷共济的磅礴之力。

（一）合力共创保安和

谈到保安和，不得不先谈谈蚌湖的由来和沿革。人和地区古来属于番禺县管辖，康熙年间，人和地区属番禺县慕德里司杨武都管治，下设李溪堡、鸦湖堡、蚌湖堡。

◎ 广州市首家街镇级华侨文化主题展馆——人和华侨文化展示中心正式揭幕

清朝光绪年间，人和地区设同文社和淳风社，蚌湖属淳风社下辖的9个村庄之一。1931年，人和地区属番禺县第八区管辖，下辖8个乡，蚌湖乡是其中之一。1946年，废区并实行乡、保、甲制度，人和地区设置同文乡，辖29保；鸦湖乡，辖32保；蚌湖乡，辖30保，这一区划一直维持到新中国成立前夕。

新中国成立后，人和地区区划几经变更，先后为番禺县、广州市郊区和广州市白云区所管辖。1961年，原人和人民公社拆分为同文、人和、蚌湖3个小公社。1963年，3个小公社又重新合并为人和人民公社。

1987年，广州市郊区更名为白云区。同年，由人和人民公社改设而来的人和区公所撤销，成立人和镇，同时分出蚌湖地区独立建镇，蚌湖镇下辖黄榜岭、新联、镇湖、清河、南方、建南、西湖等7个行政村。21世纪初，蚌湖镇又并入人和镇发展至今。从最早的蚌湖堡到蚌湖乡再到蚌湖镇，蚌湖历史悠久，历来是人和地区的重要组成部分。

蚌湖墟紧邻流溪河，商业繁盛、交通便利，正是如此，蚌湖人成了人和地区开拓海外的先行军。保安和即由1711名蚌湖旅加拿大的乡侨率先发起，得到了旅居北美洲、南美洲、大洋洲和东南亚等地的蚌湖乡侨的积极响应，并于1912年兴办起来。

究其名字，乃创办者从美国保和局、加拿大保安局、新西兰安和局三个蚌湖海外侨团中，各取一字作为新侨团的名称，故命名为"保安和"，寓意保障回乡的侨批安全畅通，与侨团成立的初衷十分吻合。而后，在海内外乡贤的悉心呵护下，保安和的会务稳步发展。

侨批又称为"银信"，是海外华侨通过海内外民间机构汇寄至国内的汇款和书信，是一种信汇合一的特殊邮传载体。当时，一部分暂无条件亲自回乡的乡侨，便委托同乡把侨批带回家乡，向久盼其归家的父母、妻儿报送平安，并带回银资帮助亲人改善生活。

为保障广大乡侨的利益，蚌湖旅加拿大的有识之士倡议，在家乡成立一个专门机构，负责海外侨批的接驳与递送，费用由旅居世界各地的蚌湖乡侨集资。加拿大的蚌湖乡侨率先筹集资金，根据《白云华侨港澳志》记载："当时在册的华侨1711人，每人最少交基金5元。"其后各地乡侨也相继集资，谱写了海外蚌湖乡侨同舟共济的光辉一页。

1912年，保安和在广州正式成立，并在毗邻广州十三行的梯云东路224号建起一栋三层高的洋楼，作为蚌湖保安和华侨通讯处。蚌湖乡民习惯称之为"保安和"。从此，禺北侨乡又多了一个侨批代办机构，一头牵着家乡，一头连着海外，万里一线牵，牵出万千家国缘。

（二）内外一心保平安

据记载，保安和最初的主要业务是接驳、递送海外侨批，接送同胞回国和出国，为他们提供免费住宿，并代订车船票、机票，代办公证等，事务繁杂，必须小心细致。通讯处内设有负责人（内柜）、联络员（外柜）、翻译、邮递员、勤杂员等专职人员，大家分工明确、各司其职。

保安和成立后，隔三岔五就有邮递员把收到的海外侨批、信件专程送回乡下，按照信上提供的地址、收件人姓名逐家逐户送到侨眷侨属手中。保安和的侨批员非常熟悉蚌湖地区的乡情侨情，能够准确无误地送达。

据蚌湖建南村侨眷杨应筹回忆，侨批员工作十分认真负责，总是第一时间将侨批及时送到侨眷侨属的手上，逢年过节的前一天是他们最忙的时候，为让大家过一个开心的节日，他们通常要派件派到晚上12点钟，除夕夜也不例外。

保安和的敬业和服务精神很令侨眷侨属放心，兼且手续费比较合理，本乡侨胞仅仅收取2%，外乡侨胞仅收4%，因此，不少外乡侨胞也放心地把侨批交由保安和递送。

抗日战争时期，日军南侵，广州城区和蚌湖地区相继沦陷，国内侨批中断。保安和急侨眷侨属之所急，在香港设立通讯处，帮助大批逃难到此的侨眷侨属第一时间接上侨批，解了燃眉之急。

1941年，太平洋战争爆发，日军侵占香港，控制进出港口的所有船只，侨批再一次断绝。当时，一部分侨眷侨属滞留香港。在香港通讯处的大力帮助下，少数侨眷侨属以难民身份去了新西兰，其余的进退两难者，也在通讯处的妥善安排下回到家乡蚌湖。

保安和在香港的业务中断后，保安和曾一度派员到当时尚未沦陷的韶关地区设立通讯处，尝试与蚌湖海外侨胞取得联系，沟通对接侨批往来。由于是战乱时期，要突破日军重重封锁，侨批安全难以保障，加之当时国内物价飞涨，货币大幅贬值，海外侨胞虽知国内侨眷处境十分艰难，也不敢或不愿意寄"冤枉"钱回来，以免钞票变"水漂"。

在动荡不安的岁月里，保安和与世界各地的乡侨同仇敌忾，纷纷慷慨解囊，捐飞机、捐大炮支持全国抗战，不少侨眷侨属还加入了活跃在禺北地区的抗日民众自卫团，与日军在流溪河两岸展开激战，正是这名扬海内外的"江高之役"，打出了蚌湖乡民的雄壮声威和家国情怀。

直到抗日战争胜利以后，航道恢复畅通，保安和在广州梯云东路通讯处的业务才得以恢复，旅外侨胞的侨批又多了起来。侨汇是侨批的重要组成部分，是海外侨胞辛苦打拼、积赚下来汇回国内的款项。它不仅可以满足国内侨眷生活生产需要，在推动侨乡经济社会发展、增加国家外汇收入，以及平衡国际收支等方面都曾发挥过举足轻重的作用。

新中国成立初期，国家建设需要大量外汇购买国外生产设备和物资，海外侨胞汇回国内的外币曾发挥了关键性作用。当时，以美国为首的西方国家对新中国采取了"遏制孤立"政策，对中国实施全方位的封锁，强迫各国政府限制、禁止侨批寄回中国，导致侨批量大幅减少，并且无法直接寄回广州，只能寄给港澳亲友或殷实的店铺，代为转交给家乡的侨眷侨属。面对这种情况，保安和再次挺身而出，在香港设立通讯处，不辞辛劳把侨批接送回乡，从而保证了侨批的畅通无阻。

香港蚌湖同乡会（保安和）会址

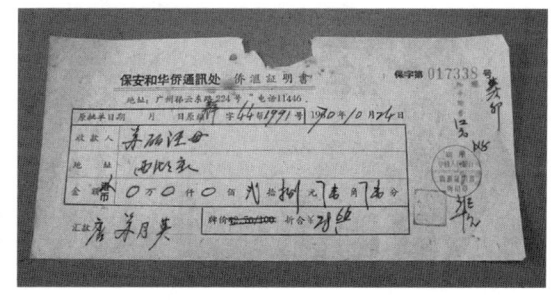

保安和华侨通讯处侨汇证明书（广州中国人民银行/1970年）

○ 蚌湖新建保安和华侨会所落成

　　为了更好地参与新中国和家乡的建设，1959年，保安和在流溪河边购地建起了一幢三层高的华侨会所。会所采用中西合璧的建筑风格，设有办公场所、会议室和客房等，成为当时蚌湖地区的新地标，蚌湖本地乡民以及回乡的侨胞都喜欢到这里参观、叙乡谊、谈合作、谋发展。

　　20世纪70年代初，保安和根据国家政策，与禺北另外两个百年侨团鸦湖乡幸福会、龙归广安号一起结束了经营数十载的侨批业务，原有的职员由国家有关部门另行安排。此后，完成重要使命的保安和，除适当保留人员保管经营梯云东路物业外，逐渐把精力转移到扶助本地公益福利事业上来，持续为家乡的教育、医疗、卫生、交通、文化等事业作贡献。

　　1987年，蚌湖地区从人和镇划分出来成立新的蚌湖镇，保安和还曾将华侨会所临时借与蚌湖镇党委、镇政府办公，缓解了一时之难。

20世纪90年代，保安和积极配合广州的城市交通建设，其位于广州梯云东路的通讯处被拆迁后，将拆迁补偿款项用于购买住房物业，为保安和的长远运作打下了更为厚实的财力和物力基础。

（三）世纪流芳泽故园

保安和从成立至今，在蚌湖海内外乡贤的悉心呵护下，在历届理事、监事的团结协作下，会务稳步发展，在保障侨批、信件安全的同时，专注于家乡公益事业，在家乡及周边地区可谓有口皆碑。

1. 兴办侨刊

早期蚌湖乡侨长期在外打拼，因忙于生计、收入微薄，兼且通讯落后，对家乡发展知之甚少，乡愁日增。为了沟通海外侨胞与家乡之信息、缓解侨胞之乡愁，1925年，保安和出资支持创办了《城北季刊》，这是迄今为止所知道的禺北地区创办最早的一份侨刊。

次年，该刊改名为《蚌湖月刊》，每期印刷1500多册，由保安和负责寄往加拿大、新西兰、美国、秘鲁等地的100多个通讯处，再由通讯处分发给乡亲们。由于内容丰富，信息量大，翔实介绍家乡的新思潮、新发展、新变化，《蚌湖月刊》很受侨胞们的欢迎。

蚌湖乡贤苏俊文曾通过该刊让海内外同胞了解到蚌湖发展新式教育的成就和建设新校舍的重要意义，从而激发大家踊跃捐资支持家乡教育的热情。在《蚌湖月刊》的带动下，禺北地区还出现了《南风月刊》（龙归）和《鸦湖乡报》《新鸦湖》《幸福杂志》等一批侨刊，掀起一股争创侨刊、传播新思想、开启民智的小高潮。全面抗战爆发后的第二年，广州沦陷，蚌湖遭到日军侵略，《蚌湖月刊》随即停办。

2. 崇文重教

早期出国的蚌湖乡侨大多文化水平比较低，长期在外打拼，吃尽没有文化之苦，当他们稍有积蓄后，就慷慨地支持家乡文化教育事业，希望乡中子弟受到更好的教育。保安和作为联络海外侨胞和家乡的一个重要桥梁，多次带头捐款并发动乡侨积极参与教育事业。

1920年，在省城广州读书的侨属子弟苏俊文、朱溥源受新文化运动的影响，深感家乡旧式学塾制教育的落后，无法跟上形势发展，培育出社会有用之才。他们通过《城北季刊》呼吁在家乡创办新式学校，教授国文、算术、珠算、自然常识、写字、唱歌、图画，甚至英语等新式课程，并发动海外侨胞鼎力支持。在他们和海内外同胞的齐心协力下，1921年，蚌湖乡第一间新式学校——紫阳学校在朱氏宗祠开学。

受此影响和带动，蚌湖乡的新式学校如雨后春笋般涌现出来。短短几年间，一个小小的蚌湖乡里，先后涌现了著经、醒民、爱莲、读月、觉群、国民、启智等多所学校。这在当时的广州乃至全省都是罕见的。而对于每间新式学校的创办，保安和及蚌湖乡侨都给予了大力支持。

1923年，保安和拨款支持本乡创办蚌湖小学校。1929年建校舍时，保安和除捐资外，还负担学校的全部办学经费，故而该校经费充裕、设备齐全，学生的费用也较为低廉。例如1930年在蚌湖小学校读书的学生，均在学校食宿。每晚集中在课室自修两小时，温习或预习功课和做作业，除星期日放假半天让学生回家外，其余时间都需在学校按照学校制定的作息时间进行学习与生活。校内设有小商店，基本满足学生所需的学习用品和一般生活用品，到店进行登记便可取用，不须交现款。同时，学生的学杂费、伙食费、文具用品费、生活用品费等都是在学期结束时才结算。学校将学生一学期来在学校的各项费用，分别开列清单给各学生家长，家长才到学校交款。也有些学生家长在学期开学时预交一部分，学期结束时再补交不足的款项。整体而言，学生一个学期的学杂、伙食、文具、校服等费用都比较少，总开支一般是25元，为贫困家庭的求学提供很大便利。

1924年，为进一步提高家乡教育水平，保安和拨款设立蚌湖学务处，蚌湖在校学生每年的分级会考结束后，学务处都会针对优秀学生发放奖金或奖品，此项活动一直持续到1937年，激励乡中子弟刻苦用功、奋发有为。

○ 保安和广泛发动海内外乡亲热心捐建的蚌湖大钟楼

为了鼓励中青、少年入学读书和勤奋学习，早在1920年以前，蚌湖乡就设立一些奖学制度，其费用由蚌湖华侨保安和通讯处拨款交由步瀛书院设立的"蚌湖学务处"全权办理。其办法是：凡入学读书的蚌湖学子每人每年补助白银2元"助学金"（拨给所在学校）。这一福利延续了近十年，让家乡寒门子弟也能比较顺利地完成基础学业。

每年农历九月，在步瀛书院内举行全乡小学生联试，其命题、监考、评分等考试事宜均在广州聘请一些学者或蚌湖学会会员回来担任。一年级学生只考识字、写字，其他年级学生则按其所学课程设考，如五、六年级学生要考国文、算术、英文、修身、历史、地理等科。考试时间是一连两天。成绩评定后由蚌湖学务处在镇湖圩搭榜棚，用红榜列出各考生的姓名、名次、分数、校名，在榜棚公布，让群众观阅。凡参加联试的学生，每人均发给白银2元。在联试中，各级成绩名列前茅的学生皆按名次发给奖品，以资鼓励。

○ 蚌湖小学校东门旧貌

　　1929年，蚌湖乡贤倡议为蚌湖小学校兴建新校舍，保安和与海外乡侨和本地乡民慷慨相助，共筹得白银7万余元，有力地支持了大钟楼的建设。此外，保安和还连续担负起该校近10年的办学经费。蚌湖小学校新校舍——大钟楼建成后，全乡小学生联试就交由蚌湖高级小学举办和在该校进行。命题、评分、确定名次等工作由蚌湖高级小学的老师负责，监考则挑选蚌湖高小品学兼优的学生担任。当时除了举办全乡小学生联试外，还每年进行若干次小学生的单科比赛，如作文、算术、写字、图画、唱歌、演讲及体育项目等，均设有奖品以奖励名列前茅的学生。

　　蚌湖乡对成年人的文化教育和对家庭贫困的青少年的培育工作也不忽视。从1928年起，由保安和出资支持，蚌湖办起了两间民众夜校。一间设在上村杨家里的观道祖祠堂，一间设在下村清河市的东成祖祠堂。学员免费入学，还发放课本和文具用品，并由教师义务上课。

　　为给家乡培养更多的技能型人才，保安和出资在步瀛书院开设蚌湖平民习艺所，聘请有技术和经验的竹、木师傅免费教授本乡青少年学习竹、木器具制作技术，并为学员提供免费食宿。

　　步瀛书院始建于清朝晚期，为仿广府祠堂形制建筑，曾是蚌湖地区文人雅士聚会、乡绅父老议事的地方，包括地方建设、治安、文化教育、福利等事务都在这里商议和执行。例如商议、决定筹建蚌湖小学校等。保安和与步瀛书院多次携手，均为蚌湖侨乡教育事业发展历史的重要见证者。令人扼腕的是，毁于硝烟战火中的步瀛书院，如今已几近湮灭在历史中。

新中国成立后，百废待兴、百业待举，进一步激发了蚌湖乡侨参与家乡建设发展的热情。1955年，保安和出资购买广播器材，在全乡各地安装了"大喇叭"，让全乡民众都能即时收听新闻消息和文娱节目。1957年，保安和襄助创办蚌湖华侨中学，主动负担部分办学经费。

1960年，为丰富乡民的文化生活，保安和捐资兴建了蚌湖华侨戏院，还出资从香港购买了先进的电影放映机。该戏院曾放映过不少革命、武打、戏曲等题材的热门影片，还邀请广东著名艺人黄俊英、卢海潮等前来讲相声、演小品、唱大戏，深受乡民好评，陪伴数代乡民

○ 蚌湖第一届学生学艺联试会在步瀛书院合影

○ 蚌湖华侨中学学生合照

快乐成长，进一步丰富了乡民的精神文化生活。

1985年，保安和支持成立"蚌湖文化教育基金会"，为提高全镇中、小学师生的教学水平作出了应有的贡献。走到蚌湖片区的每间学校，随处可见乡侨署名或不署名的赠予，或是教学设施，或是校园公配，或是艺术小品，无一不彰显着蚌湖乡侨的拳拳赤子之心。

时至今日，蚌湖每年举办的中小学生田径运动会，以及蚌湖优秀中小学生的奖学金等事项，都得到了保安和的长期大力支持。蚌湖地区的传统文化活动——端午扒龙舟在保安和的大力支持下办得有声有色，来自世界各地的侨领每年纷纷回乡和乡亲们同吃龙船饭，同观流溪河上群龙争渡盛景，感受同根同源、奋发向上的人和龙舟文化。

此外，一百多年来，保安和坚持积德行善，在改善家乡社会民生方面卓有建树、成效斐然。

1947年，蚌湖地区干旱，保安和出资购买大型柴油抽水机，有力地支持了流溪河两岸蚌湖各村的农业生产。

新中国成立初期，蚌湖地区缺医少药，保安和出资设立"蚌湖赠医局"，免费为乡民看病、治疗。后又出资购买显微镜等先进医疗器械赠送给蚌湖卫生所，改善医疗设施。据不完全统计，1965年，保安和拨款3.5万元购买荔枝树苗，帮助蚌湖各生产队大力发展水果生产。1969年，保安和拨款2万元襄建"蚌湖大桥"，解决了蚌湖流溪河两岸乡民的出行难问题。1989年，为改善蚌湖地区的医疗条件，保安和带头捐资并发动海外华侨支持蚌湖华侨医院的建设。

（四）侨联四海通天下

回望过去，保安和始终与家乡风雨同路、荣辱与共，在通讯落后的年代，它是"家书抵万金"的信使；在狼烟四起的岁月里，它是保障侨批安全、畅通的守护神；在百废待举的年代，它是家乡公益事业的先行者。它成了蚌湖抹不去的快乐记忆，从读书识字、交通出行，到文化娱乐、看病问医、出国打拼，甚至结婚生子，都与它有着千丝万缕的关系。先辈们所创立的基业、所秉持的精神，在她的呵护下，不断发扬光大。

◎ 位于蚌湖墟的蚌湖华侨戏院

◎ 蚌湖地区的端午扒龙舟活动

2019年，白云区侨联，人和镇党委、镇政府、人和镇侨联与蚌湖片区7个村的书记、村主任，以及鸦湖幸福会的负责人、海外侨领代表促膝长谈，一起回顾保安和的过去与辉煌，希望保安和以换届为契机，齐心协力振兴会务，赓续百年侨团荣光，为家乡发展再立新功。

同年12月，保安和理（监）事会换届，苏伟明当选保安和新会长。保安和全体理（监）事团结一心、敢想敢干，积极主动地为侨团、侨乡、侨胞服务，在健全制度、理顺资产、群策群力、联络友谊、重修会所等方面展开了卓有成效的工作。尤其是保安和会所重修，诸事烦琐，各位理（监）事不计个人得失、用心用力用情抓好各项工作落实。

一分耕耘一分收获。近年来，保安和的各项工作得到大家的一致认可，海内外同胞的心又紧紧地团结在一起。当保安和重修华侨会所的倡议发出后，大家积极响应，在短短的时间里共收到1200多位海内外热心人士的捐款300多万元，全新搭建起人和华侨华人联络沟通、分享交流的精神家园，白云区首个侨胞之家亦在此挂牌成立，为人和华侨文化主题展馆的建设奠定了基础。此情此景，有如先辈们当年踊跃捐资创立保安和。

据苏伟明介绍，人和镇蚌湖片区是广州市白云区著名侨乡，几乎家家户户都有华侨，他们大多事业有成、声名远播，全国政协委员杨汤城，前中国国家男足主教练苏永舜，美国南加州大学教授黄显材，加拿大温哥华国泰中文电视台董事局主席、新西兰"菜花大王"杨汶钊，新西兰拳击冠军杨本畴等便是他们当中的杰出代表。这些侨贤与广大蚌湖乡侨一样，时刻关注家乡发展，乐于奉献自己的力量。

蚌湖拥有厚重的华侨历史文化底蕴，曾引起政界、侨界、文化界、旅游界的广泛关注。美国前总统尼克松，新西兰前副总理博格及夫人，中国驻新西兰前大使倪政健曾先后到这里访问，了解侨乡蚌湖的发展建设。对于保安和华侨会所这一座中西合璧的历史建筑，不少建筑、文化领域的专家对其赞叹不已。

（五）文化赋能焕发全新活力

源远流长、博大精深的中华文化是维系海内外中华儿女的牢固精神纽带。而今依托百年侨团保安和华侨会所这一历史建筑精心营造而成的人和镇华侨文化主题展馆，特设"侨通世界 政通人和"专题展，通过文图、实物、场景等形式，全景式展现人和华侨华人筚路蓝缕、敢为人先的奋斗历程，彰显他们爱国爱乡、造福桑梓的赤子情怀，缅怀戴宗汉、杨汤城等知名先侨事迹，铸牢人和儿女四海同根、同舟筑梦的思想共识。住宿区环境幽雅、窗明几净，房间特别以加拿大、秘鲁、新西兰等国家或地区名字命名，让归国探亲华侨华人倍感温馨。

东纵战士黄海平、中秘友好使者戴宗汉、新西兰侨领杨汤城……人和华侨儿女俊彦辈出，一代代勇于开拓的人和华侨华人承前启后、继往开来，在波澜壮阔的时代答卷中写下人和新篇。在馆内，每一件展品、每一幅珍贵的历史图片都凝结了侨胞们的心血，一系列场景复原、互动多媒体、浮雕、雕塑等丰富多彩的表现形式，让参观者仿佛

◎ "侨通世界　政通人和"专题展

穿越时空，沉浸式体验先侨海外创业的艰辛与不易。人和华侨华人的赤子情怀跃然眼前。

开馆当天，美国、加拿大、新西兰、秘鲁……五十余家海外侨团和数十位侨领，通过到场、贺电、视频等多种形式表达了他们对人和华侨文化展示中心开馆的祝贺与期待。

自此，人和有了一座永久性、综合性的华侨文化展示馆，有了一座全方位、全过程、全景式、展示人和华侨华人矢志不渝奋斗之路的文化新地标，而保安和这座融合了东西方建筑艺术风格的建筑，也被赋予新的历史使命，踏上崭新的征程。

在现任保安和会长苏伟明看来，蚌湖最有吸引力的还是其文化基因，"除了华侨文化外，这里还有'喧江雷鼓鳞甲动，三十六龙衔浪飞'的群龙竞渡盛景，'万亩空港美如画，千米航道连成景'的空港新城魅力，'一径寻村渡碧溪，稻花香泽水千畦'的鱼米水乡风华和'自信挥戈能退日，河山依旧战旗红'红色文化之魂，这些意蕴深厚的文化资源，传承着人和的历史根脉，构筑起人和文化的精神谱系。"

第四章

情系桑梓

华侨华人最重要的特征就是爱国和爱乡，这是由中国文化和中国人的精神决定的。长期以来，白云人民形成了"爱国爱乡、敢为人先、开放包容、自强不息"的地域文化品格，亦成为人和华侨华人重要的精神源头之一。在百余年的海外开拓与发展中，人和华侨华人与广大粤籍华侨华人一道，逐步形成了宝贵的"念祖爱乡、重信明义、敢为人先、团结包容"的精神品质，而情系桑梓、回报桑梓，则是人和华侨华人传承和弘扬这些优秀精神品格的生动注脚和鲜活例证。

兴办教育是人和华侨华人情系桑梓、回报桑梓的重要承载和具体体现。"集侨胞之力，兴千秋之业"，自20世纪20年代起，一批富有远见卓识的人和华侨华人率先垂范，大力资助家乡兴办现代学校。从那时起，无论是在艰苦卓绝、战火纷飞的革命战争年代，还是在热火朝天、激情燃烧的社会主义建设时期，波澜壮阔、生机勃勃的改革开放时代，人和华侨华人捐资助学可谓弦歌不辍，其深远意义影响至今。

广大人和华侨华人一直是推动家乡现代化发展的重要力量。从早期热心公益慈善到参与家乡墟镇建设，从捐输救国侨汇到修桥筑路兴办实业，从医疗公卫事业到传统文化传承，均体现出了人和侨胞浓浓的家国情怀。而今，步入新时代的人和正迎来粤港澳大湾区建设、"一带一路"倡议等战略机遇，人和侨胞又开始与家乡人民共谱高质量发展交响曲。

一、大钟楼：百年风雨传薪火

在中国近现代风起云涌的舞台上，活跃着一批为中国教育事业发展奔走呼号、身体力行的华侨华人，留下诸多让人感怀和感佩的故事。

在人和蚌湖，就有这样一个历经近百年风雨的地标之所：大钟楼。

这一座欧式大钟楼，坐落于人和镇蚌湖片区的中心地带，成为现广州空港实验中学（原广州市第七十二中学）校园里的一道亮丽风景。

1924年春，在苏俊文等有识侨属子弟的力倡下，蚌湖小学校诞生。五年后，海外蚌湖乡侨踊跃捐资，家乡民众慷慨解囊，一座在当时可谓宏伟壮丽的新校园得以拔地而起。其校舍内建有一座高约20米的大钟楼，其钟声洪亮、气韵悠长，禺北各乡无人不知、无人不晓。大钟楼，成了蚌湖小学校的代名词。

从蚌湖小学校、省立勷勤师范学校，到蚌湖华侨中学、红星中学，再到广州市第七十二中学、广州空港实验中学，无论时代如何变迁，校名如何改变，大钟楼始终是蚌湖乡侨和民众的牵挂和回忆。

植家国情，筑教育梦。华侨华人参与中国教育现代化源于他们对家乡的情感，以及对中华民族、中华文化共同体的身份认同。近百年来，蚌湖大钟楼如同一位历史的守望者，静静地见证着侨乡文化的演变与传承，传递着蚌湖乡侨心系家乡、回报桑梓的深情厚谊。

（一）建校：筚路蓝缕，汇聚众力

大钟楼的发展史，就是蚌湖的大半部教育史。

20世纪20年代，中国正经历着深刻的社会变革，而教育则被视为国家富强、民族振兴的基石，一批批仁人志士开始致力于教育救国。

对于华侨华人而言，支持家乡教育事业不仅是一种情怀，更是一种使命和担当，已经放眼看世界的华侨华人们已经在深思，让世界文明成果与中华优秀传统文化相结合，兴办教育无疑是最好的路径之一。

苏俊文，蚌湖新联村人，是创建蚌湖小学校的关键人物。其父苏乐亭，早年赴美国行医为业，所获甚丰，在蚌湖一带声望卓著。苏俊文少时就读蚌湖乡塾，敏而好学，诗词颇佳，后入读广州述善中学深造。1919年春，苏俊文慕名求学于韩树园，韩为康有为入室弟子，曾与梁启超共学。苏俊文得名师指点，学业愈加精进，他尤其推崇梁启超和蔡元培，逐渐得其思想精髓。

当时，蚌湖属于禺北农村地区，经济社会发展较为落后。苏俊文深感家乡落后的首要原因在于教育落后，以致人才缺乏，遂回乡宣传和倡议创办新式学校，同时又积极联络发动海外乡侨，恳请鼎力支持。1923年冬天，蚌湖乡60岁以上父老齐聚步瀛书院召开大会，决定开办全乡性的蚌湖小学校，并推举苏俊文为校长，让他负责筹办工作。

1924年春，经苏俊文、朱溥源等积极筹备，蚌湖小学校正式设立和招生。为方便全乡学生上学，决定在蚌湖上村、下村各设一校，分别在杨家里观道祠和清河村东成祠办学。运行之后发现校舍分散，管理不便，两校遂合并迁至镇湖墟一所糖坊办学，该处物业为苏俊文家祖业。

苏俊文将停业多年的糖坊修葺一新用作校舍，并更名为蚌湖乡高级小学校。此时，蚌湖各个自然村已纷纷办起初级小学，蚌湖乡高级小学校则只招五、六年级的学生。不过，由于糖坊地处墟市，热闹繁杂，熙来攘往，给学生的学习和生活带来干扰，改善办学环境迫在眉睫。

在此背景下，苏俊文、朱溥源等有识之士大力向全乡民众和海外乡侨宣传建设新校舍的必要性，得到了大家的赞同和支持，总计筹资72000多银圆。当时，蚌湖乡侨多在国外从事低端工作，收入微薄，但还是省吃俭用、慷慨解囊，全力以赴支持家乡教育事业发展。

1929年，经过周密筹划和精心施工，一座气势宏伟的新校园全面竣工。校舍坐北朝南，两层砖木结构，风格中西合璧，建筑占地面积3500余平方米。学校大门仿欧洲教堂大门式样建造，左右各立有一根罗马柱，顶部为三角形装饰，上塑浮雕纹饰。校门正对流溪河，门前原是一片宽阔的沙滩，为方便学生锻炼、增强学生体质，学校将其改造成了操场。

蚌湖小学校新校园里，最引人注目的便是大钟楼。大钟楼建在校园的西面，楼高4层计20米，同样为欧式风格，底层、第二层为钢筋混凝土框架结构大楼。第三层、第四层建在大楼中部，每层长宽各为4.7米，楼层高3.2米，第四层4面各装有直径约1米的时钟面。大钟楼为欧式穹顶，亭子顶端为传统檐瓦，融合了东西方艺术风格。

大钟楼

大钟楼内安置由蚌湖乡侨捐赠，价值达3000多银圆的德国造机械大钟。大钟直径达1米，设计美观大气，走时准确，每半小时和一小时均有报时，方便了师生及四方乡民的生活。当时，广州只有两个大钟楼，一是西堤广州海关的大钟楼，另一个就是蚌湖的大钟楼，这曾让蚌湖乡民自豪不已。

大钟楼的高度恰到好处，既能俯瞰校园，又不会显得过于突兀。大钟楼的建成，不仅为蚌湖地区增添了一道风景，更成了学校教育中不可或缺的一部分。钟声响起，清脆悠扬的声音传遍校园的每一个角落，提醒着学子们珍惜时间、不负韶华。同时，大钟楼也成了学校及乡里进行重要集会和庆祝活动的场所，见证了诸多重要人事。

日思日睿，笃志笃行。首任校长苏俊文即为学校确立了"诚、勤、朴、爱、勇"的五字校训，努力开创优良的校风和学风。大钟楼

◎ 1929年蚌湖小学校南门

○ 1931年，蚌湖小学校恳亲会纪念合影

新校园建成后，学校即将校训刻铸在礼堂正面墙壁，同时还在学校东校门镌刻校训，使学生时刻不忘、铭记在心。1930年，苏俊文又在校内题写"长毋相忘"，寄语蚌湖学子胸怀家国，习得感恩，不忘家乡滋养，不忘师长教诲，不忘同学情深。

"蚌湖蚌湖，快奋发为雄。地亘禺山北，慕德里司中。人口号称万户之众，上下一体，共济和衷。乡民足迹遍五洲。吾侪好青年，日日务自强。人才辈出，乡誉日隆。"这一首蚌湖小学校的校歌，气势磅礴、威武雄壮，足见师生昂扬向上之精神面貌。

蚌湖小学校一时引领风气，在广州乃至全省教育界具有知名度和影响力，其在筹设、创建、建设、办学过程中，得到了不少教育名家大家的关注，纷纷为学校的长足发展建言献策、出智出力。

建校之初，蚌湖小学校的校名即由"岭南诗宗"、"岭南近代四家"之一黄节题写。黄节（1873年—1935年），广东顺德人，其早年加入同盟会，辛亥革命后曾出任广东省高等学堂监督，曾长期担任北京大学教授，专教中国诗学。

20世纪20年代末，黄节曾出任广东教育厅厅长兼广东通志馆馆长。他在任时，提出"救身之道""一方宜重视德育教育，一方宜发展职业教育"，广东的"学风遂变，由嚣哗归于敦肃"。

更为难得的是，岭南著名教育家许崇清为蚌湖小学校题词"知所先务"。许崇清是中国最早接触马克思主义的学者之一，也是第一位向国内读者介绍爱因斯坦狭义"相对论"的学者，广开风气之先，被誉为"教育界光辉旗帜"。他一生中曾三次出任中山大学校长，在华南地区甚至全国都有广泛影响。

《千秋家国梦——广州高第街许氏家族》一书的作者伊妮曾如此评价，"许崇清对教育真谛的认知和把握……注目一个民族的人格及修养构成，并以教育追求人生之大道，促成社会的道德化。"

○ 蚌湖小学校门楼

许崇清为蚌湖小学校题词"知所先务"

○ 金曾澄题名"纪念亭"

"知所先务"四字，其意为做学问首先要知道为什么去做学问，即弄清楚学习的目的是什么，还有逐步去了解、追寻知识的根源之意。"知所先务"作为蚌湖小学校的办学理念，传承至今，影响深远。

校园内有一正对大钟楼的小中亭，其题名"纪念亭"亦大有来历。题名者为金曾澄，曾被誉为"广东高等教育的铺路人"。金曾澄，祖籍浙江绍兴，生于广州番禺，民国时期曾两度出任广东高等师范学校校长，曾任广东大学教育长、广州大学校长，抗战时期担任过中山大学代理校长。

从这些渊源来看，蚌湖小学校不仅是一所颇负盛名的新式学校，也与当时的全省教育体系有着密切的关联和互动，可以说是一块新式教育改革的试验田。这也为抗战胜利后，广东省立勷勤师范学校借蚌湖小学校校址办学并办起了三所附属小学，埋下了伏笔。

正所谓"大学之大，在于大师，不在大楼"，在享誉广东及至全国的教育名家大家的关心和鼓励下，蚌湖小学校可谓一出生就风华正茂，其拥有先进的教育理念、扎实的办学成果也就不足为奇了。

蚌湖小学校的创办，是蚌湖及至人和地区教育事业发展的里程碑。以大钟楼为标志，蚌湖小学校一跃成为人和地区规模最大、设备最先进、办学水平最高的新式学校，带动了禺北各乡村掀起开办新学的热潮。

（二）烽火：战争硝烟，英雄符号

流溪河畔木棉红，革命薪火代代传。2024年3月，"英雄花开英雄城"广州市白云区人和镇传承弘扬红色文化系列活动在大钟楼操场旧址拉开了序幕，通过红色歌曲大合唱、红色历史故事朗诵、红色文化传播基地授牌等形式，传承红色基因，擦亮红色名片。

"团结一致，保家卫国！团结一致，保家卫国！""我们宁可头断血流，粉身碎骨，也要抗战到底！"在活动现场，一场《回忆蚌湖抗日万人会》师生集体朗诵让人耳目一新。来自广州空港实验中学的30名师生代表，声情并茂地演绎出了80多年前在大钟楼操场召开抗日万人大会的历史故事，现场观众频频予以掌声鼓励。

据广州空港实验中学杨柱财老师讲述，1938年6月，一批蚌湖热血青年集中在大钟楼前，连续三个晚上演话剧，动员禺北参与抗日。

这个朗诵节目，让青少年感受到当年家乡抗日先辈的不怕牺牲、敢于斗争的坚定信念，从而激发其内心深处的爱国爱乡情感。

◎ 2024年3月，"英雄花开英雄城"广州市白云区人和镇传承弘扬红色文化系列活动现场

正是这一幕，揭开了抗日战争时期大钟楼曾经遭受的屈辱。

1938年10月，广州沦陷，气焰嚣张的日军沿流溪河北犯，遭到了禺北民众的激烈抵抗，"江高阻击战"震动省内外。不久，日军继续北进侵占了蚌湖，大钟楼建筑坚固、设施完善，被日军强占并设为指挥部。

日军在蚌湖地区烧杀抢掠，无恶不作，给当地人民带来了深重的灾难。原本宁静的校园变得硝烟弥漫，钟楼的钟声亦被炮火声所淹没，蚌湖乡民陷入水深火热之中。大钟楼的四面大钟，原本是时间的见证者，但在那个特殊的历史时期，它们却成了日军侵华的残酷见证。

每当整点或半点响起，那清脆的钟声不再只是报时，更像是对日军暴行的控诉和警示。据传，日军驻扎大钟楼期间，其指挥官早就看上了这座性能良好、造价不菲的德国造机械大钟。

日军在撤退时，千方百计想将大钟整体劫走，但由于重量过重而没能如愿。不过，狡猾的日军还是将机芯等重要零部件拆走，以至于大钟楼暗哑失声，至今不能复音。如今，在大钟楼库房里，还存放着残留了大量弹孔的铜制钟面，钟面上的累累孔洞，便是日军侵略蚌湖时留下的实物罪证。

根据《蚌湖志》（1995年）记载，蚌湖沦陷后，乡中各学校校舍多被日军侵占用作军营，全乡的学校教育因此停顿。日本侵略者为灌输奴化教育，曾在蚌湖各村办过小学校，免收学费和无偿拨发课本及学习用品，以吸引儿童入学。但乡民及儿童都不愿接受这种奴化教育，上学者寥寥无几，日方仅仅办了一个学期，不得不草草收场。

1940年，蚌湖各界千方百计克服困难，陆续复办塾师学校，这时的学塾既教读古文，也开设新学课程，如国文、算术等课。这种学塾式学校，直到1945年全国抗战胜利后才停办，是战乱时期的特殊之为。正是以蚌湖小学校为代表的新式学校奠定了发展基础，延续了良好传统，无论条件多么困难和艰苦，蚌湖民众都不忘发展教育、培育人才。

时光已经远去，尽管遭受了磨难和摧残，但大钟楼依然屹立不倒，它用自己的坚韧与不屈，平静地诉说着那段艰难的历史。

而今，每年的3月，在英雄花木棉怒放的时节，学校都会举办各种各样的红色文化传承弘扬活动，让孩子们记住那一段屈辱史和抗争史，记住大钟楼这座从炮火硝烟中走来的"英雄符号"。大钟楼，已经变身为一个极富感染力和现场感的爱国主义教育基地。

（三）复兴：师范高歌，勤勤为名

有这样一所学校，它与广州及广东师范教育的发展有着较深的渊源，这就是广东省立勤勤师范学校。这所学校与创办于1921年的广州市立师范学校有一定的从属关系，与创办于1933年的勤勤大学师范学院亦有一定关联。

不过，少为人知的是，这所学校还曾在大钟楼办过学，且时间不短，长达五年，时任校长为黄佐。也正是这一段特别的历程，让大钟楼有了更加特殊的意义，也为蚌湖教育事业发展书写下重要一笔。

勤勤师范学校时为省立，主要为全省乡村师范教育培养优秀人才，抗战期间停办。抗战胜利后，全省乡村师范师资需求进一步扩大，决定重设广州市立师范学校，同时依托蚌湖小学校校址复办省立勤勤师范学校。

正所谓前人栽树后人乘凉，作为一所省立中等专业学校，省立勤勤师范学校能落户蚌湖且一办就是五年，源于蚌湖地区具备良好的办学基础和办学条件。当时，省立勤勤师范学校以大钟楼作为临时校舍，以仁寿里的"善达杨公祠"及"积善堂"庙宇作学生宿舍。

当时，省立勤勤师范学校面向全省招生，学生入学既免收学费，还由学校免费供给食宿，就读条件较为优越。蚌湖地区刚经历战火摧残，民众生计困难，到广州城上学耗资不菲。于是，不少勤学上进的蚌湖青年学子纷纷报考和就读这所家门口的师范学校，毕业后大都从事乡村教育事业。

省立勤勤师范学校在蚌湖设校，对蚌湖的文化教育事业发展起到了推动和促进作用。为保证学生学以致用、知行合一，该校当时还在蚌湖地区设附属小学三所："附一小"设在杨家里"观道祖"祠堂，"附二小"设在清河村的"东成祖"祠堂，"附三小"设在乐寿里的"安佐祖"祠堂。

该校的附属小学还在乡间聘请部分教师，故该小学的专职教师分为"省级"教师和"乡级"教师两种。因为由省分配来校任教的教师不多，需要在地方聘任一部分教师，这又为蚌湖周边好学上进的子弟、青年提供了工作良机。

"省级"教师由省教育厅发给工资，而"乡级"教师的工资则由蚌湖乡负责。同时，该校分期分批让行将毕业的毕业生到各间附属小学去听课和讲课，通过实践以取得实际教学经验。正是如此，三所附属小学学生的学习成绩，比其他地方办的小学的学生学习成绩好。

莘莘学子激扬青春，立德树人逐梦勷勤。"勷勤"二字，乃劝勉勤奋之意，鼓励学子勤奋治学、严谨待物。在大钟楼的庇护下，校园又恢复了往日的生机与活力，培养出了成百上千的优秀学子。新中国成立后，百业待举，这些学子纷纷成为广州市乃至全省基础教育战线的中坚力量。

1950年，省立勷勤师范学校搬迁回广州城办学，勷勤记忆逐渐远去。但正是这一段尘封的历史，让大钟楼的历史文化底蕴更为深厚。

（四）变迁：华侨基因，空港新生

新中国的成立，使中华民族的历史翻开了新的一页。中国共产党和新生的中央人民政府，高度重视中国拥有数千万旅居海外华侨和回国定居华侨的这一特殊国情，新中国的第一部宪法更是以国家根本大法的形式明确规定党和国家侨务工作的基本政策："中华人民共和国保护华侨的正当权利和利益，保护归侨和侨眷的合法权利和利益。"

新中国的成立，在国际上产生了巨大的影响，海外华侨华人扬眉吐气，奔走相告，欢腾庆祝，随即掀起了以各种形式支持新中国建设事业的热潮。在这一热潮中，蚌湖乡侨再一次走在了时代的潮头。

1957年元旦，蚌湖侨联会借"乡侨集故里"的良机，召开华侨、归侨、侨眷座谈会，商讨筹款重办蚌湖小学校，并倡办蚌湖华侨中学，得到在座人士的热烈赞同，即席推选杨根培、杨汝栋、朱德超为筹委会主任，苏洪烈、杨永祥等29人为委员，着手开展创办工作。

不久，筹委会就向海外华侨发出"筹建蚌湖华侨中学劝捐书"，书云："侨乡民众要求文化越高，办学热情越急，势所必至，理有固然也。近来各地已创办华侨中学者，四邑倡先……急起直追，亟图响应……"急切兴学之情溢于言表。海外华侨接函后，唯恐落后，纷纷响应寄款捐资。

依托原有的大钟楼校园，蚌湖华侨中学很快新建了一批校舍，购置了教学设备，拓展了教学场地。当年9月，蚌湖华侨中学正式开学。经过协商，该校师资由教育部门调派，经费则由侨团保安和来承担。随着办学规模的扩大，广州市教育部门亦给予一定补助，形成了"侨办公助"模式。

从20世纪60年代至今，大钟楼办学建制及校名曾有三次变迁，1966年曾短暂改名为红星中学。1967年，改名为广州市第七十二中学，一直持续到2021年，在此期间，学校虽先后被广州市区教育部门接管，改设为公办学校，但蚌湖乡侨们关心支持该校办学的义举一直没有中断。

2021年，旨在整合教育资源、理顺管理体制和提高教育水平，白云区推动集团化办学扩容，广州空港实验教育集团成立，以广州空港实验中学（原广州市第七十一中学）为龙头，将广州市第七十二中学、人和第一中学、人和镇蚌湖小学、人和第二幼儿园纳入其中，覆盖幼小初高四个学段，广州市第七十二中学改设为广州空港实验中学西校区。

漫步在如今的校园，绿树成荫，书声琅琅，让人振奋。经过多年建设营造，学校占地总面积已超20000平方米，建筑面积近8000平方米，塑胶跑道、运动场、篮球场、羽毛球场等一应俱全，4栋教学楼、综合楼矗立在流溪河边,与近百年历史的大钟楼交相辉映。大钟楼得到了更好地保护和利用,主要用于校史展览及宣传、书画创作及展览、爱国主义教育及相关活动等,焕发出了新的时代活力。

大钟楼和华侨中学,是蚌湖人永恒的乡愁记忆。而今,伴随广州白云国际机场航空枢纽功能的增强,广州空港经济区的高质量发展腾飞,广州空港实验教育集团应运而生,正为大钟楼注入新的教育和文化内涵。

(五)贡献：行为世范,时代芳华

徜徉在大钟楼的展览室,一份名单颇引人注目,那就从蚌湖小学校创校到广州空港实验中学西校区成立,每一任校长的名字皆名列其上。

学为人师,行为世范,意味着教育者应该努力做好学问,不仅有充足的知识和品格来教导学生,同时还要努力树立自己的形象,规范自己的行为,为世人做个好的典范,成为社会中的楷模。在蚌湖小学校百年的办学历程中,历任校长们无疑均是其中的杰出代表。

◎1931年,蚌湖小学校第六届毕业纪念(前排中为苏俊文)

创校校长苏俊文的经历和事迹，至今还被人们津津乐道。

他担任校长长达十二载，为蚌湖培育了一批英才。他廉洁自持，十二年间从未动用过公家的一分一毫。起初，他不惜捐出自己的祖业用作校舍。其后，教育部门给他有一笔校长津贴，他毫不犹豫地全数捐给学校，用作办学经费，这一善举也激励着更多的乡亲、乡侨及各界人士关注支持教育，为蚌湖教育事业贡献力量。

他在工作中坚守原则，不徇私情，不畏艰难，赢得了同事、乡亲及学生们的尊重和感佩。在其带领下，学校风气日益纯正，办学质量显著提升，一时为禺北及广州之望。令人扼腕的是，苏俊文因劳累过度，年仅39岁便英年早逝，乡亲和海外乡侨闻讯，无不痛惜。

1991年，当时的蚌湖镇为纪念为开创蚌湖教育事业作出杰出贡献的侨眷苏俊文，弘扬蚌湖兴办教育的优良传统，由蚌湖镇侨联会牵头筹组"蚌湖苏俊文教育基金会"。

第二任校长朱本超亦是人和地区教育发展的重要推动者和见证者。他先后任职过蚌湖小学校校长、紫阳学校校长。省立勤勤师范学校举办后，他还曾担任教导主任一职。由此可见，省立勤勤师范学校选择在蚌湖小学校复办绝非偶然，两校在学风、师资方面多有沿袭。

和苏俊文一样，第三任校长杨灼生也是蚌湖优秀的侨属子弟。他出生于镇湖村，其父早年到加拿大谋生发展，十分重视子女教育。杨灼生本身亦是蚌湖新式教育发展的受益者，早年即在本乡读书。

20世纪30年代，杨灼生以优异成绩考入中山大学物理系就读，学成之后，家乡人民敬重其学识，诚邀他回蚌湖小学校任教并任校长。省立勤勤师范学校举办后，杨灼生回校担任物理教师。让乡人敬佩的，杨灼生也很重视子女教育，其子女多毕业于国内外名校，一时间传为美谈。

（六）新生：老建筑，新活力

大钟楼，这座历经风雨沧桑的古老建筑，见证了蚌湖的历史人事变迁和侨乡文化发展，承载着几代人的记忆与情感，是蚌湖乡亲和海外乡侨心中一笔宝贵的精神财富。近年来，经过不断挖掘和保护利用，大钟楼逐渐成为白云区及至广州北部的一张历史文化名片。

广东工业大学建筑与城市规划学院教师叶建平长期关注文化遗产保护。对于包括大钟楼在内的蚌湖华侨建筑群，他认为这片建筑群处于水路交通节点，关联性很强，可以形成一个重要的公共空间。在他看来，这一片建筑群承载了丰富的历史信息，是当地侨民与母体文化的交接点，对研究近代建筑体系变迁具有重要意义。

近年来，大钟楼逐步得到了社会各界的关注。2011年，大钟楼被列为白云区登记文物保护单位。2024年，大钟楼作为近现代重要史迹及代表性建筑，正式入选第一批白云区文物保护单位名单。广州空港实验中学亦对包含大钟楼在内的地标建筑物历史信息，以及知名人士留下来的珍贵墨宝，进行了较为系统的挖掘、梳理和建档。

2024年3月，"英雄花开英雄城"白云区人和镇传承弘扬红色文化系列活动在大钟楼操场旧址拉开序幕，"扬英雄气　弘人和志——人和革命人物事迹展""英雄花红新农村——广州红色名胜作品人和站巡展""非遗传承谱新篇——人和镇非遗文化展"等活动同时亮相。

英雄花开英雄城，英雄城市育英雄人，作为广州市大力推进的一项旨在展现红色广州、活力广州、幸福广州的重磅主题活动，选择在大钟楼举办特色落地活动，进一步激活了大钟楼蕴含的地标和历史意义。

近百年来，大钟楼如同一位历史的守望者，静静地见证着蚌湖华侨文化的演变与传承。它曾经的洪亮钟声穿越时空，回荡在侨乡的每一寸土地上，诉说着侨胞们远离故土、筚路蓝缕的奋斗历程，也传递着他们心系家乡、回馈桑梓的深厚情谊。时光荏苒，岁月如歌。大钟楼，不仅见证了侨乡文化的繁荣发展，更成了连接侨胞与家乡的精神纽带，让人们在钟声中感受到侨乡文化的独特魅力和奋进力量。

二、著义小学校：千秋家国一梦牵

家是最小国，国是千万家，千秋家国一梦牵。为青年之崛起举全族之力办学，是著义小学校办学的思想源头之一，具有强烈的家国印记。在人和乡侨和民众心目中，著义小学校就像一部深刻描绘家族与家国、小家与大家情感交织的史诗一样，成就了一段充满传奇色彩的历史。它是近现代蚌湖杨氏宗族祖先为改变族人命运进而推动家乡教育发展的重要载体，是海外杨氏侨胞与家乡同舟共进的真实写照，如今已成为当地华侨华人回国时必来的寻根地，亦是人和侨乡百年变迁的见证者。

（一）追光

"集侨胞之力，兴千秋之业。"这不仅是一句在华侨中广为流传的口号，更是杨氏家族在1930年前后创办著义小学校时的鲜活样本。在那个风云变幻的年代，杨氏家族深知教育对于家族与国家的重要性，他们毅然举全族之力，创办一所新式学校，为家族和国家的未来播种希望，培育栋梁。

20世纪30年代初，教育救国思潮风行，在世界华侨华人及港澳同胞热心支持家乡文化教育事业兴办的背景下，镇湖村杨氏家族旅居新西兰的乡侨怀揣着对家族深深的眷恋和对教育事业的无限期盼，带头捐资建成著义小学校校舍，作为附近两个杨氏祠堂的族学。

提到著义小学校的创办，往往离不开善达杨公祠。据《广州市文物普查汇编》（白云区卷）记载，位于镇湖村的善达杨公祠，"是蚌湖杨姓宗族善达祖裔的房祖祠，始建于清朝中期"，"正祠由头门、第二进著义堂、第三进后堂及前后两个天井组成"。

适逢蚌湖地区兴办新式学校之风渐盛，善达杨公祠一脉有识之士决定从祖辈公产（祖业继承的一种，往往为族内共有资产）中拨出四成作为学校日常经费，著义小学校就此创办起来。其以"善达祖"祠堂为校舍，由于"善达祖"又名"著义堂"，故名为"著义小学

◎ 善达杨公祠现貌

校"。初时，该校只招收"善达祖"裔的儿童入学，规模很小，只办初级小学，学生不足百人，聘请2至3名教师进行复式教学。由该祖祠父老推选5至7人组成"著义小学校校董会"负责学校的管理工作。

著义小学校是蚌湖地区继蚌湖小学校——大钟楼之后有独立完整校舍的第一间初级小学校。1929年，旅居新西兰的"善达祖"裔华侨发起筹建该校的新校舍，得到海内、外的"善达祖"裔热烈响应，纷纷捐款。

据《蚌湖志》（1995年）记载，当时筹款"共计捐得白银610元，英金839镑，美金84元，港币150元"。经过一年多的筹备与施工，于1930年便建成有钟楼校门、有校道、有操场及铁栏栅围绕的砖木结构和部分钢筋混凝土结构的著义小学校新校舍并交付使用。

而今观之，著义小学校残存门楼为半圆拱造型，由红砖砌就，上端镌刻的建造商号依然清晰可见。值得注意的是，门楼顶端为白色欧式穹顶，穹顶北面为传统的墨绿色宝瓶栏杆，整体建筑既有中式结构

著义小学校旧址

框架，又有西洋元素装饰，中西方文化在此完美交融。整体宛如一座精美绝伦的艺术品，巧妙地将中西建筑风格融为一体，令人赞叹不已。

红砖墙上方的一块白色校门匾额格外引人注目。匾额上刻着白底蓝字的"著义小学校"，字迹清晰流畅，透露出一股典雅的气息。匾额周边装饰着精美的卷纹图案，如同一幅细腻的画卷，令人流连忘返。两侧各有雕花，用的是卷纹雕刻，每一朵花都雕刻得栩栩如生，仿佛正在迎风绽放。

匾额上方，一个小小的白色钟楼矗立着，给人一种静谧而庄重的感觉。钟楼中间有一个圆窗，透过它，可以隐约窥见内部的钟摆正在默默地记录着时间的流逝。卷纹的雕花刚好与匾额周边的装饰相呼应，营造出一种和谐统一的美感。钟楼两侧刻有"广州长寿街""陈铿记建造"的字样，这是对学校建设者的致敬与铭记。这些字迹不仅记录了学校的建设历程，更彰显了广州工匠的精湛技艺和卓越品质。

透过著义小学校校门旧址，观者能够窥见整个学校当时巧妙而精致的设计风格，体现了侨乡中西方现代文明与优秀传统文化交融共生的文化印记，亦是人和文化教育事业现代化发展的见证与骄傲。

在当年，著义小学校新校舍建成以后，其实还有不少建校捐款汇寄回来。经族裔决议：将这些款项在花县石渚村购置田地一百多亩，名为"义伦园"，作为著义小学校的"养学"经费，派族中兄弟前往该地进行管理。后因种种原因，"义伦园"被卖出。

如今，著义小学校旧址校门门廊一侧的白色石碑上，还清晰可见《建筑著义学校碑记》，这块碑记详细记载了杨氏一族修筑学校的具体缘由是养育人才，避免杨氏族人落后于其他人，同时逐一记录下捐资人的姓名。

从捐资人功绩碑上发现，捐资人主要有两类，一类是留在本国的杨氏族人，另一类是杨氏海外华侨。捐资的币种既有银圆，也有美元和英镑，即使只捐1银圆、1美元或1英镑，也会被记录在石碑上。通过这个细节也可以看出来，杨氏乡侨已经遍布世界各地。

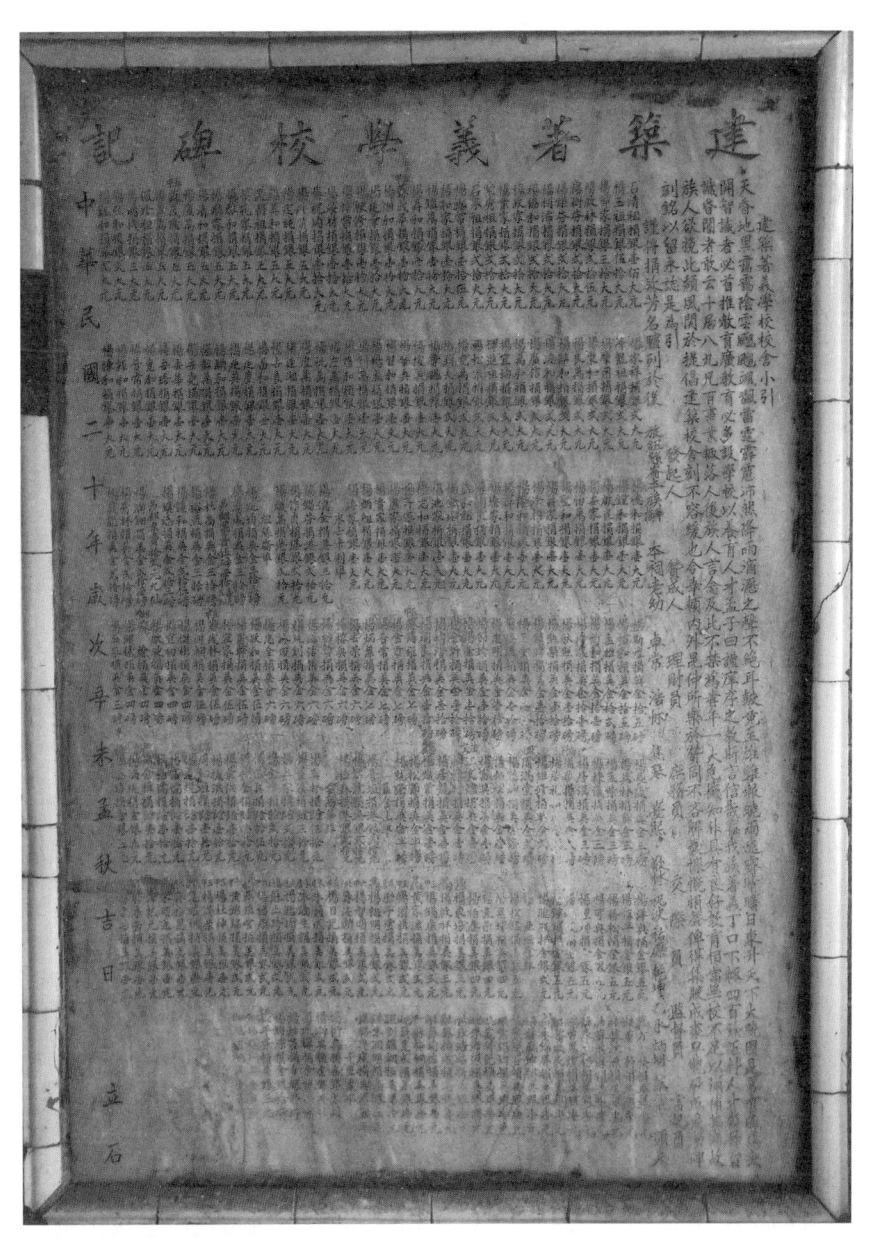

○ 建筑著义学校碑记

身在故土的杨氏族人亦深谙家乡教育的重要性，纷纷慷慨解囊，为学校的建设贡献自己的一份力量。而遍布海外的杨氏华侨，虽身处异国他乡，但心系桑梓，时刻关注着家乡的发展，也希望为家乡的族人们创造一个更好的学习环境。每一个捐资人都是这所学校辉煌历史的一部分，也激励着后来的学子们不断追求卓越，为家乡、为国家的繁荣贡献自己的力量。

时至今日，校门口的石碑早已成为镇湖村杨氏一族的集体记忆。不少回国的杨氏侨胞，都会来此处寻根打卡。

（二）荣光

学校自建立之初，便展现出其独特的开放性和前瞻性。尽管著义小学校由杨氏宗族创办，但它却并未囿于明清时期流传下来的宗族教育传统，而是勇敢地打破了这一局限。

在学堂建制上，著义小学校摒弃了传统宗族学校的陈旧模式，借鉴了西方近代教育的先进理念，建立了更加科学、系统的教育体系。学校注重培养学生的综合素质，不仅设置了更加多元化的基础课程，还引入了先进的教学方法，使学生能够在学习知识的同时，提升其他包括身体素质在内的综合素质。

在教学内容上，著义小学校同样突破了传统宗族教育的束缚，不再局限于祠堂祭祀、修谱读谱、定规制训等内容。相反，学校更加注重基础学科的教学，同时加强对学生思想品德、人文素养等方面的培养。这种全面而深入的教育内容，使得学生能够更好地适应社会发展的需求，为未来的成长打下坚实的基础。

最值得一提的是，著义小学校提出平等入学的理念。在民国时期，受传统家庭观念、社会观念和家庭经济条件等因素影响，女性受教育的机会远远少于男性，女性追求知识和教育的道路可以说是步履维艰。农村女孩更是受到了双重歧视，她们既面临着来自家庭的阻力，又承受着社会的偏见，教育梦想在现实面前经常化为泡影。然而，在这样的时代背景下，善达杨公祠和其兄弟祠堂所属的杨氏族人的男童女童基本上都接受了教育，这在当时的社会是罕见的。这一成就的背后，离不开那些海外华侨们的支持和推动。他们带来了先进的观念，不断向家乡的父老乡亲灌输男女平等的思想，强调女性同样应该接受教育。

这种中西文化的碰撞与融合，为著义小学校注入了新的活力，也为周边民众带来了前所未有的思想解放。后来，杨氏族人中就有很多考进了名校，如中山大学、武汉大学等，一些女性也因为上学改变了自己的人生。

著义小学校的成功不仅在于其理念的先进性，更在于其在实际操作中的坚定落实。这种将理念转化为行动的决心和执行力，使得男女平等入学成为现实。一方面，学生上学的所有费用，多由祠堂承担。这一举措不仅极大地减轻了家庭的经济负担，也让更多贫困家庭的孩子有机会走进课堂，接受教育。这充分体现了杨氏宗族对教育的高度重视和无私投入。另一方面，祠堂还制定了严格的入学要求，明确具体的执行标准和监督机制。祠堂会定期检查各家各户的入学情况，对于未按规定送孩子上学的家庭，会进行一定的惩罚和督促。

为了鼓励更多的孩子接受教育，祠堂还设立了助学金制度。这一制度对于家境特别贫困的学生和成绩特别优秀的学生给予特别的关注和支持。对于因家庭贫困而面临失学风险的孩子，助学金能够帮助他们继续学业，实现自己的梦想；而对于成绩优秀的学生，助学金则是对他们努力的肯定和激励，激发他们更加努力地学习，争取更好的成绩。

著义小学校的这些创新措施，不仅体现了其对教育普及的有力推动，更彰显了其对社会责任的担当。在民国时期那个充满偏见和歧视的时代背景下，著义小学校以其先进的理念和坚定的实践态度，为农村女孩们打开了一扇通往知识的大门，其示范意义不言而喻。

后来，著义小学校还从服务宗族的圈子中走出来，转向服务更广大的社会群体。学校以开放的姿态接纳了来自不同背景、不同家庭的孩子，为他们提供了平等接受教育的机会。

与大钟楼所经历的沧桑岁月一样，在广州被日军入侵的那段黑暗时刻，日军的炮火和铁蹄也无情地践踏了这片宁静的土地。是时，日本侵略军占领蚌湖，著义小学校校舍和"善达祖"祠堂都被日寇大桥部队强占为驻地，该校被迫停办。相传，校门上镌刻的白底蓝字的"著义小学校"原为广东抗战知名人物伍观淇手书，学校虽然停办，但师生的爱国主义思想并未消散，反而更加浓烈和持久。

抗日战争胜利后，在华侨的资助下，著义小学校校舍经过简单修葺，于1946年复办，并招收附近各村学生，规模较大，开启了著义小学校的新篇。据《蚌湖志》（1995年）所载，"有小学一至六年级六个教学班，学生近200人，教师8人，成为完全小学"。由于学生人数和班级增多，原有校舍不敷应用，遂再借"善达祖"祠堂作为课室及教师宿舍。

新中国成立后，著义小学校成为镇湖村的唯一小学。从1950年开始，不但镇湖地区的学生来该校上学，邻近的新联村、清河村、西湖村也有部分学生来该校学习，故规模越来越大，学生人数越来越多。

（三）流光

改革开放以来，蚌湖迎来了前所未有的发展机遇，旅外乡亲和归侨、侨眷们心怀故土，纷纷伸出援手，为家乡的教育文化建设贡献自己的力量。他们深知教育对于家乡未来的重要性，因此不遗余力地筹措资金，希望为孩子们创造更好的学习环境。他们的行动，不仅体现了对家乡的深厚情感，也展现了海外华人对教育事业的重视和支持。

旅居新西兰的杨汤城先生，虽已年过八旬，但仍旧心系家乡教育事业。他多方联系海外友人，筹集资金，为镇湖小学的建设添砖加瓦。

年逾花甲的杨汶钊先生也在海外积极奔走，为学校的建设筹集资金。

老华侨杨焯球先生更是率先垂范，捐资人民币2万多元，为镇湖小学的建设注入了强大的动力。在他的带动下，国外乡亲纷纷慷慨解囊，总共捐资12万元。国内乡亲也纷纷伸出援手，捐资达10多万元。

◎ 镇湖小学教学大楼旧址

涓涓细流汇入大海。在大家的共同努力下，1987年10月，一座崭新的教学大楼拔地而起。这座大楼共有3幢18间课室，连成一体，规模更大，效益更强。它的建成，不仅改善了孩子们的学习环境，也标志着著义小学校迎来了新的发展机遇。

1993年，对于镇湖村来说又是一个值得铭记的年份。这一年，港澳同胞杨汝材先生，心怀对家乡的深厚情感和对教育事业的坚定信念，为促进家乡教育事业的发展，奖励在教学工作中取得优异成绩的教育工作者和成绩优秀的学生，毅然发起成立教育基金会的倡议并带头捐资5万元港币。在杨汝材先生的带动下，镇湖村的社会各界人士纷纷响应，共同为教育基金会的成立贡献力量。经大家的共同努力，一个有40多万元规模的《镇湖（著义）学校教育基金会》应运而生。这一基金会的成立，不仅是对原著义小学精神的传承和发扬，更是以另一种形式继续为人和地区的教育事业贡献力量。

随着新教学大楼的启用，著义小学校旧址被换作他用，但幸运的是，造型精美的门楼和弥足珍贵的校碑等得以保存。这些遗迹仿佛时光的见证者，静静诉说着学校曾经的辉煌与荣耀。2014年，著义小学校门楼旧址被广州市人民政府列为市一级历史建筑，其蕴含的地标意义、文化价值和历史意义开始被更多的人关注。

著义小学校的建校经历，不仅是一段教育史的缩影，更是一部充满家国情怀的动人篇章。它见证了杨氏家族对教育的执着追求和无私奉献，也展现了人和华侨心系家乡、情系教育的赤子之心。他们跨越山海，无论身在何方，都始终牵挂着家乡的教育事业，为培养更多优秀人才而不懈努力。

著义小学校的发展历程，也承载着中华民族深厚的文化内涵和质朴的民族情感。它代表着一种对知识的渴望、对教育的重视以及对家乡的深深眷恋。这种情感和文化内涵跨越时空，成为连接过去与现在、家乡与海外的重要纽带。

如今，虽然著义小学校已不复存在，但其精神内涵和价值追求却永载史册。它激励着后人继续发扬优良传统，为家乡的教育事业贡献自己的力量。同时，它也提醒着我们珍视历史遗迹和文化传承，让这些宝贵的财富世代相传。

三、百花齐放春满园：人和乡侨兴学办教小记

紫阳小学、蚌湖小学校、著义小学校、鸦湖华侨中学、蚌湖华侨中学、同文中学……这是一长串让人和海外乡侨和乡亲再熟悉不过的名字，更是人和华侨华人回报桑梓、倾资办学的历史见证。

中国近代著名华侨领袖陈嘉庚先生曾言："教育为立国之本，兴学乃国民天职。"无论是从贯穿时间、投入力度，还是从筹办模式、奖励方式来看，人和华侨华人回报桑梓兴办教育这一行为和进程，在广州乃至全省来看，都具有相当的特殊性和显著性，具备一定的历史

价值和标本意义。

（一）发轫：根植于心的文化脉动

爱国爱乡、造福桑梓，这一传统深深烙印在每一位华侨心中，成为他们不懈追求和光荣传承的信仰。在我国近现代教育史上，华侨捐资办学无疑是其中浓墨重彩的一笔，其影响深远、意义重大。

回顾历史，我们可以发现，华侨捐资办学在我国南部沿海省市尤为突出，并成为基础教育现代化发展的重要组成部分。华侨鼎助桑梓教育发展，不仅是客观呈现出来的一种文化现象，更是一种情感的传递和文化的传承，揭示了深植于华侨个人生命和集体记忆中的文化脉动。

广东省华侨热心为家乡捐资办学的传统源远流长，其中最早的华侨办学先驱可追溯到1872年。在这一年，著名的旅美华侨学者容闳，在家乡香山县南屏乡发起创办了"甄贤社学"。华侨鼎力助学的背后，寄托了广大侨胞希望祖国独立、昌盛的强烈愿望，寄托着他们"今日不达，尚有来日；及身不达，尚有子孙"的终生抱负。

华侨华人对家乡教育事业的捐赠，其核心驱动力是华人对教育的高度重视和对家乡深厚的情感。这些行为主观上也满足了他们光耀门庭、践履孝行的伦理需求，捐赠行为使他们在海外多年的孤寂之心找到了归宿；同时也丰富、升华了他们作为海外游子的人生价值。

更重要的是，这种捐资办学的行为在客观上推动了当地教育的发展，形成了一种良好的社会风气，影响了更多的人关注和支持教育事业。其在促进了当地教育事业蓬勃发展的同时，提升了整个社会的文化素养和文明程度，也为整个社会的文明进步奠定了坚实的基础。

（二）惠泽长流：人和华侨兴办教育历程

人和华侨兴办教育的历史，无疑是近代以来广州乃至华南地区教育事业发展的生动缩影和微观见证。他们用自己的行动诠释了对家乡、对祖国的深厚情感，也用自己的实践证明了教育对于国家发展的重要性，共同谱写出一部充满艰辛与奋斗、希望与梦想的华侨助学史。他们用自己的行动,参与到中华民族的现代化觉醒与奋斗中来。

1. 起初·创办小学

从20世纪20年代初期起,旅外的人和华侨华人及港澳同胞在积累了一定物质基础的情况下,开始反哺家乡,积极投身家乡的发展建设之中,其中最主要的形式就是兴办家乡的文化教育事业。

1920年,蚌湖朱屋村加拿大归侨朱溥源、朱约之等见乡亲尤其是青年文化水平低下、生活贫困,全校仅有几所私塾,连一所正规的小学都没有,他们向海外华侨倡议,振兴家乡教育,创办新学堂。很快得到了海外华侨的支持,依托朱氏宗祠创办了全乡的第一间新学堂——紫阳小学。以此为标志,蚌湖、鸦湖、同文三乡掀起了创办新学的热潮。

1927年,鸦湖乡旅外华侨为改变家乡的旧私塾办学形式,纷纷捐款,在大庙右侧建了一间校舍,取名番禺县十区第七小学,后改为鸦湖乡中心小学,其学经费由华侨团体幸福会统筹解决。

1929年,蚌湖乡侨捐资7万多银圆,在蚌湖中心地带、靠近流溪河畔的"大沙地"建成蚌湖小学校新校舍,校园内的大钟楼一时享誉禺北,该校在当时是禺北地区规模最大、设备最先进的。

1930年,镇湖村华侨在旅新西兰侨胞的倡议和带头捐资下建成"著义小学校"校舍,黄榜岭的旅外华侨亦倡导和捐资建起"黄榜岭小学"新校舍。

在此带动下,新式学校在人和地区如雨后春笋般涌现出来。据《蚌湖志》(1995年)记载,仅蚌湖地区先后兴办的初级小学校就有:杨家里的"著清学校"、杨屋巷的"著廉学校"、周屋的"爱莲学校"、江屋的"读月学校"、镇湖圩的"镇湖学校"、黄屋的"汪波学校"、太保里的"朝义学校"、贯树巷的"贯树学校"、簧门里的"宗明学校"、清河市的"武功学校"、大巷的"觉群学校"、北门的"国民学校"、鱼种塘的"觉民学校"、南边坊的"南边坊学校"、黄滑庄的"永隆学校"、八零庄的"裴佑学校"、草地庄的

"启智学校"等。这些学校，基本都有华侨华人的捐资参与。

这一时期建立的新式学校，为确保让乡内少年、儿童上学读书能落到实处，不收学杂费或只收少量学费，起到了启智育人的重要作用。由于各个村落、乡里的教育水平均处于初始阶段，教育资源匮乏、基础薄弱，因此各村之间呈现出多点建设、百花齐放的状态。

新式小学的先后创办，打牢了人才培养之基，一批本乡优秀青年得以升入广州高一级学校就读。据记载，在1928年，蚌湖乡在广州市内读书的学生达40多人。这个时期，蚌湖籍大学生有杨振堂、杨灼生14人，入黄埔军校、空军学校、警察学校、地质学校的有杨遂良、杨一白等12人，在中学、师范学校就读的青年则更多。

1926年初，由当时在广州求学的苏俊文、杨灼生、杨锦清、苏柱流等发起成立了"蚌湖留省学会"，团结蚌湖学子，解决各方难题。随后，学会的活动范围进一步扩大，不仅联结蚌湖学子，还开始联结乡人参议乡政，主持公道，扶助乡中兴办公益事业。

2. 转折·创办中学

1938年，日寇的铁蹄无情地践踏到了广州，战争环境下，学校纷纷被迫停课。尽管面临着巨大的困难和挑战，但华侨们并没有放弃对家乡教育的支持。他们通过各种方式，努力保持着与家乡的联系，为重建侨校、恢复教育事业积攒着能量。他们坚信，只要心中有信念、有希望，就一定能够克服一切困难，重建美好的家园。

抗战胜利后到新中国成立初期，海外华侨与家乡亲人恢复了联系，祖国大地百废待兴，华侨助学事业也迎来了新的高潮。相较于20世纪初创阶段，此时的华侨助学行为更为规范化、系统化，不仅继续完善小学校建制，更迈入创办中学的全新阶段。除了提供资金支持，他们还带来了先进的教育理念和管理经验，为学校的建设和发展注入新动力。

1946年，人和鸦湖籍旅加拿大华侨曹丽培、曹振威、曹桂荣等率先行动，带头捐资并发动旅外乡亲募捐，重建鸦湖乡国民中心小学。

不久之后，黄榜岭小学也在黄榜岭村等华侨、归侨、侨眷的资助下兴建起来。

同一年，鸦湖乡侨曹丽培再一次带头捐资，广泛发动旅加为主的华侨捐资兴建鸦湖乡中心国民学校新校舍。

中华人民共和国成立后，华侨对家乡教育事业的投入与支持不断加大。为适应社会主义经济文化发展的需要，国家在办学上提倡"两条腿（公办、民办）"并举方针。

1956年，由侨团幸福会出资，在人和墟东街办起仅有两个班的鸦湖华侨中学。由于入学者日渐增多，1958年，幸福会再次拨款，在人和墟龙头岗新建校舍，进一步扩大了招生规模，让更多的华侨子弟有机会接受优质的教育。该校一切经费由幸福会承担，确保了学校的稳定运营。

1957年元旦，依托蚌湖小学校即大钟楼校园，蚌湖乡侨积极参与建设蚌湖华侨中学，他们纷纷响应，寄款捐资支持学校建设。不久，蚌湖中学校舍便拔地而起，教学设备一应俱全。当年9月，蚌湖华侨中学正式开学，该校师资由教育部门调派，教育经费则由蚌湖侨团保安和承担。

旅居秘鲁华侨戴宗汉、戴贺廷回乡探亲得悉家乡尚未办中学，深感痛心。戴宗汉说："科技发达必重才，兴邦强国必重教，家乡哪能没有正规中学？"于是他和戴贺廷慷慨解囊，捐资10余万元人民币在高增村前的山岗上兴建同文中学，于1964年竣工开学（后改名为汉廷中学），解决了同文地区8个村华侨子弟和农民子女读中学难的问题。

20世纪六七十年代，华侨办学在一定程度上出现了短暂的停滞，部分侨校经费中断。人和地区的两所华侨中学，以及稍后创办的同文中学，都由广州市教育局统一接管，改设为公办中学。其中，鸦湖华侨中学改设为广州市第七十一中学，蚌湖华侨中学改设为广州市第七十二中学，同文中学改设为广州市第七十三中学。

○ 1985年，人和镇将人和小学（今广州市第七十三中学小学部）的教学大楼命名为"贺廷楼"

3. 发展·综合扶持

伴随着改革开放的春风，华侨办学再次焕发出蓬勃的生机和活力。改革开放为华侨提供了更为宽松和有利的环境，政策上的支持和经济上的发展，使得华侨们能够更加自由地投身于教育事业。华侨们也以更加开放和积极的姿态，投身到家乡教育事业中来。在这一时期，华侨办学的投资金额、校舍规模、办学质量、办学理念均取得了突破性提升。

1984年，人和镇旅居秘鲁华侨戴宗汉、戴贺廷再次捐资24万元，兴建高增小学校舍。1985年，捐资建设人和小学教学大楼。1986年，捐资30万元建广州市第七十三中学（即同文中学）教学大楼。

蚌湖镇镇湖村旅外乡亲和归侨、侨眷等筹措资金为镇湖小学建新校舍。1987年10月，建成一座3幢18间课室连城一体的教学大楼。蚌湖镇加拿大华侨杨杰兴自1989年以来，向蚌湖镇苏俊文教育基金会、新联幼儿园、新联小学捐助39万元人民币。旅加拿大华人苏焰财自1987年以来，为蚌湖镇清河村教育基金会捐资折人民币10万元以上。

1986年后，旅加拿大的华侨为兴建人和一中、二中共捐资折合人民币60余万元。此外，各地的华侨和港澳同胞，亦慷慨解囊，踊跃捐款，个人捐资折合人民币达万元以上的就有10人之多。1987年蚌湖建镇后，旅外的蚌湖华侨及港、澳同胞捐资襄助兴建、改建新校舍更为踊跃。

新世纪以来，随着国内经济社会发展的加速，科教兴国战略的提出和实施，党和政府对教育事业的投入逐步加大，人和华侨华人直接参与办教育的势头有所减弱，但仍然创新各种形式参与兴学。

（三）以侨为桥，薪火相传

人和乡侨是人和侨乡文化的重要创造者和实践者，他们凭借独特的视角和经历、积极的行动和态度，参与并推动着侨乡文化的传承和发展。华侨主动参与建设的侨校成了桥梁和纽带，不仅为当地学子提供了接受教育的场所，更成了传播先进教育理念、推动教育现代化的重要阵地。人和华侨的助学之路呈现出自身的鲜明特征，值得我们探索和思考，以期为未来人和教育高质量发展提供借鉴。

1.传承不息

华侨助学不是一种短暂的社会现象，而是已经深深扎根于中华文化的传承之中，成了一种常态化的社会行为。从20世纪初至今，无论国际形势如何变化，华侨们始终坚守着对家乡教育的支持和热爱，持续不断地为教育事业贡献自己的力量。这种常态化、持续化的特点，不仅体现了华侨们对家乡教育事业的深深眷恋，更展现了他们对中华文化的坚定传承。

2.时代特征

从人和华侨办学历史进程，我们可以发现，每个时期都有其鲜明的时代特征。在办学之初，呈现出百花齐放的盛况；在全国抗战时被迫中断；在新中国成立初期和改革开放年代，又迎来高潮。每个阶段都有其机遇和挑战，而华侨助学在曲折中不断盘旋向上。这种阶段性特征不仅反映了历史背景的变迁，也体现了华侨们对家乡教育事业的坚韧和执着。

3.精益求精

早期的华侨助学可能更多地关注数量和规模的扩张，以满足当时对教育资源的迫切需求。而随着时间的推移和经验的积累，华侨们逐渐意识到质量和效益的重要性，他们开始注重办学理念的更新和教育模式的创新，呈现出从粗放型发展转向集约型发展的特点。这种转变不仅提高了办学水平和教育质量，也使得华侨办学更加符合社会发展的需要。

4. 层次分明

华侨助学具有广泛的覆盖面，其触角不仅深入各个乡村角落，还跨越了不同教育层次的边界，形成了一幅层次分明的办学图景。从地域分布来看，人和各村都能见到华侨参与兴建的学校。在教育层次上，涉及幼儿园、小学、中学等各个层次，形成了完整的教育体系，不遗余力地支持各个层次的教育发展，为培养各类人才提供了坚实的基础。

回报家乡、兴办教育，彰显了人和乡侨和家乡人民心气相通、心心相印，以及对中华文化长久传承的崇文重教理念的认同。一花独放不是春，百花齐放春满园，兴学助教，人和乡侨永远在路上。

四、一枝一叶总关情：人和乡侨扶助发展小记

人和华侨华人素有乐善好施、情系桑梓的优良传统。在一百余年的岁月长河里，人和儿女浩浩荡荡地出海闯荡，而后又满怀欣喜地回报乡梓。他们不仅仅是热心支持教育事业，也十分关心关爱家乡的医疗健康、城乡发展、文化传承等事宜，并在家乡修桥铺路、投资兴业等方面作出贡献，谱写出一段又一段情系桑梓、造福桑梓的故事，展现着一代又一代侨胞爱国爱乡的情怀。

（一）从设赠医局到创办医院

自20世纪20年代始，人和侨团及热心华侨华人即开始出资设办赠医机构。

人和侨团幸福会成立的初衷，就是为侨眷侨属和家乡谋幸福。1936年，幸福会在方石村大庙旁的水月宫里设立幸福赠医局，聘请一名中医免费为乡民诊病，让缺医少药的鸦湖乡亲少受看病之难。

○ 鸦湖华侨幸福赠医局的潘医生为病人诊脉

○ 摘自《番禺侨乡月刊》创刊号文章《人和幸福会赠医局恢复赠诊》

1938年，全面抗战爆发已一年多，广州沦陷，赠医局被迫停办。两年后，有感于乡民生活困难、寻医无着，幸福会千方百计恢复了赠医局，并补贴药费，以救济贫病乡民，该局一直坚持到新中国成立前夕才停办。

1962年，幸福会又在幸福会址选定场所，重新开设赠医局，聘中医师潘汝生主诊，免收诊金，只诊病开方，不赠药物。随着家乡医疗事业的逐步发展，至1967年，幸福赠医局才结束其历史使命。

无独有偶，位于人和蚌湖的侨团保安和也有为乡民赠医的善举。新中国成立前，蚌湖地区没有官办的医疗机构，那时在蚌湖行医的多为祖传中医。1950年，保安和出资聘请中医开设蚌湖赠医局，每

○ 海内外侨胞、港澳同胞为家乡捐资助建的蚌湖华侨医院落成庆典

日上午免费为群众诊病开处方。

1955年，蚌湖赠医局改名为蚌湖联合诊所，次年更名为蚌湖卫生所。1961年，保安和出资购买一批先进医疗器械赠送给蚌湖卫生所，改善医疗设施，为促进蚌湖地区的医疗保健事业和民众健康作出了贡献。

1990年，蚌湖旅海外华侨还集资160多万元，建了一间园林式的蚌湖华侨医院。医院建筑面积达2000平方米，设有西医、中医、正骨、妇产、新医、检验等科室，有病床50张，极大地改善了蚌湖地区的就医条件。

人和华侨慷慨捐助家乡办医疗卫生事业的优良传统，延绵不绝。人和华侨医院就是其重要见证。而今，人和华侨医院坐落在风景如画的流溪河畔，毗邻广州白云国际机场，地处广州空港经济区核心，地铁3号线和106国道贴身而过，通往高速路网便捷连接全省各地。

时光回转到20世纪80年代，人和镇建镇之初，人口众多，但医疗条件落后，医疗设施简陋，全镇仅有一所卫生院。为改善家乡医疗条件，人和镇旅秘鲁华侨戴宗汉提议在家乡兴建一座具备现代化水平的医院。戴宗汉率先捐资270万港元，戴贺廷捐资70万港元，与人和镇海外华侨和归侨侨眷等共集资370万港元，支持新医院的建设。

经过一年多的建设，新医院于1989年6月落成启用。1958年在高增村骆氏宗祠成立的人和公社卫生院迁入这里，更名为人和华侨医院。该医院建成时占地面积13 200平方米，建筑面积6570平方米，是一座设备先进、科室齐全的现代化医院，大大缓解了人和民众看病难的问题。同年9月，经白云区批准正式更名为广州市白云区人和华侨医院。

2001年，香港"番禺继昌堂"基金会曾捐赠了价值450万港币的美国通用公司第四代全身螺旋CT机一台，让医院的医疗水平再上台阶。2003年，原蚌湖华侨医院并入人和华侨医院。2006年11月15日，经白云区批准，人和华侨医院更名为广州市白云区中医医院。

◦ 1989年，戴宗汉、戴贺廷等侨胞带头捐资助建的人和华侨医院落成剪彩

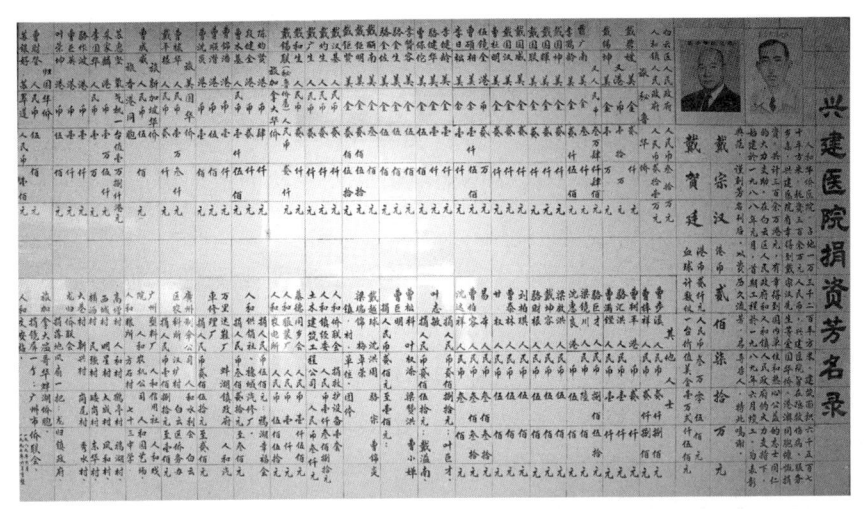

○ 海外侨胞捐资倡建人和华侨医院芳名榜，记录着戴宗汉、戴贺廷等人捐资情况

○ 继昌堂捐赠人和华侨医院CT机剪彩仪式

吃水不忘挖井人。戴宗汉是一位深受人和乡侨和家乡民众爱戴的侨领，为感恩戴宗汉的重大贡献，人和华侨医院在院内建起了一座"宗汉亭"，并在"宗汉亭"旁安放了戴宗汉的半身铜雕像，以示纪念。

（二）让家乡老墟保持活力

在余光中的诗里，乡愁是一张窄窄的船票。在人和华侨华人心里，乡愁是一顿包含着家乡味道的年夜饭，是家乡亲人们一张张熟悉的笑脸，更是承载着家乡记忆的老墟。岭南乡村的定期市集常被称为"墟"或"圩"。

白云旧墟多傍流溪河而生，并逐渐发展成商业要地。流溪河两岸曾分布着不少的墟市，人和地区的蚌湖墟、人和墟正是传统墟市的代表。近百年来，人和华侨华人或捐赠捐资，或投资兴业，不断让家乡老墟保持活力，既留下了乡愁记忆，也展现了家国情怀。

蚌湖墟旧时是广州最著名的墟市之一，早在清代就十分繁华，遍布糖厂、榨油厂、碾米厂、酱油厂和米酒厂等。在全面抗战爆发前夕，蚌湖墟已是蚌湖及周边地区的商贸中心。当时，墟内商铺林立，在外打拼的华侨亦看到了商机，纷纷回乡投资建铺。抗战爆发后，日军占据蚌湖墟，蚌湖墟一度陷入了低谷，失去了往日的繁盛容颜。

新中国成立后，蚌湖墟换了新天。侨团保安和出资开设赠医局，在此基础上逐步升级为联合诊所、卫生所，为蚌湖医疗卫生事业发展开了新篇。1990年，发动侨胞捐资，建成了蚌湖华侨医院。

1956年，在乡侨的支持下，蚌湖华侨广播站在蚌湖小学校即大钟楼内开办起来，随即又搬迁到镇湖大街，曾是当时蚌湖地区的有线广播控制中心，方便群众了解方针政策和时事新闻，丰富了精神文化生活。

蚌湖华侨戏院是蚌湖墟的又一地标性建筑。戏院建于1960年，由侨团保安和出资6万多元建成，占地1000平方米，最初有1114个座位，开始由保安和香港通讯处购买了电影播放机，每周播放一次。"文革"时期曾停业作为服装加工厂，1977年重新开业，直到1996年。

人和墟建于清光绪年间，初建时行业齐全，商铺林立。1936年，鸦湖幸福会所筹建资金，在人和墟兴建店铺，租给乡民经商。1938年，日军侵略者一把火将人和墟烧成了一片废墟。抗战胜利后，由鸦湖

◎ 蚌湖华侨戏院旧址

◎ 蚌湖墟旧址

乡华侨幸福会牵头重建人和墟的壮举，至今为人们所称道。此外，鸦湖乡旅加拿大乡侨叶润更和旅秘鲁乡侨邓波良等人，于1946年在人和墟集资兴办了禺北第一间岭南火柴厂；人和秘鲁归侨曹瑞洪1947年回国定居，在人和墟合资开祥兴酒、米、油厂，独资开办祥安号缸瓦店。

幸福会发动华侨和侨属投资建铺，扩建西街、中街、东街、北街。历经一年多的建设，人和墟又逐渐兴旺起来，一度成为人和地区的商贸中心。新中国成立后，人和墟成为区、公社、镇等政府部门驻地，成为人和地区政治、经济、文化的中心，繁荣发展至今。

◎ 幸福会位于人和墟的老铺

改革开放以来，市场经济发展迅猛，人和墟迎来前所未有的发展机遇。据1987年蚌湖建镇后的有关资料统计，该年在蚌湖镇内设店、办厂、养殖、运输等323家经营者和专业户中，属于侨属开办的占50%以上。跨入新世纪，尤其是2010年广州地铁人和站点的开通，人和墟的发展可谓一日千里，传统墟镇开始向一座现代化大都市的卫星城转型。不过，所幸骑楼仍在，幸福会所静然矗立，现代建筑和传统建筑相映成趣，不少人和乡侨还时常回来走一走看一看，找寻难忘的乡愁记忆。

(三)龙腾流溪华侨情深

人和镇地处珠江三角洲河网地带,广州母亲河流溪河蜿蜒穿过,既得灌溉之利,也得舟楫之便。其沿岸村社赛龙舟习俗由来已久,孕育出独特的龙舟文化,并凝结起同舟共济、团结拼搏、奋勇向前的精神内核,无声地指引着人和华侨华人在海外开拓奋进、艰苦创业,是华侨华人和家乡人民风雨同舟、和衷共济的情感纽带。

龙舟又称为龙船,赛龙舟、划龙船是中国传统端午节的重要习俗之一。扒龙舟亦是岭南地区庆祝端午最重要的习俗。在粤语方言里,"划"和"扒"发音相似,故而"划龙船"也叫"扒龙船"或"扒龙舟"。

扒龙舟是人和镇每年参与人数最多、规模最大、举办时间最长、最隆重的传统文化活动,不管男女老少,都能以自己的方式参与其中。对旅居海外的人和乡侨而言,流溪河上每年端午节的龙舟鼓更是他们记忆中最深刻的乡愁。每年端午节期间,都会有一大批华侨华人专门赶回来看扒龙舟、吃龙船饭。

◎ 人和镇"龙舟文化周"活动

虽然人和扒龙舟的最早记录已无证可考，但在数百年的扒龙舟传统习俗中，人和镇较为完整地保留了传统龙舟文化，包括农历四月初八起龙舟，农历五月初一、初三、初七分别为蚌湖、鸦湖和高增三个传统龙舟景，农历五月初八藏龙舟等等。

龙舟竞渡当天，全村男女老少都吃的龙船饭极具特色，龙船饭的菜肴寓意丰富，例如香芋扣肉软糯香浓，象征着富饶与和谐；清蒸多宝鱼鲜嫩滑爽，寓意富贵与多彩的生活；烧鹅拼烧肉香气四溢，代表着丰收与喜悦；而顺福葱油鸡色泽金黄，象征着繁荣与吉祥。

"双龙出海四龙归"的佳话，更是在人和大地广为流传。每年，鸦岗乡亲去蚌湖"走亲戚"扒龙船；每三年，蚌湖乡亲则来鸦岗龙船会景。原来，当年的蚌湖龙舟在南海"走亲戚"回程途中遇险，鸦岗村民出手相助形成"双龙出海四龙归"，再到后来蚌湖村民出手援助遭受洪灾的鸦岗村民，两地结下了深厚的友谊并一直持续至今。端午期间两地龙舟互相探亲，设下龙舟宴款待对方的传统已延续了

◦ "龙腾流溪 龙情人和" 2024年人和镇龙舟活动在醒狮助威中正式开幕

◎ 众多海外侨胞在龙舟宴畅享特色龙舟饭，共聚乡情

300多年。

近年来，人和镇创新弘扬龙舟文化，全力建设美丽龙舟之乡，得到了人和华侨华人的大力支持和热心参与。2019年，成功举办穗港澳龙舟邀请赛。2022年，打造人和龙舟文化长廊，并升级改造人和镇鸦湖公园成为龙舟文化主题公园。2023年，属于人和龙舟的特色品牌标志和人和龙舟主题曲粤语童谣《龙·船》和《龙舟颂》发布。

2024年6月6日，"龙腾流溪 侨聚白云"人和龙舟文化活动在美丽迷人的流溪河畔举行。22条传统龙船还在宽阔的流溪河面上演竞速，场面十分壮观。来自法国、新西兰、澳大利亚、斐济、马来西亚、厄瓜多尔、圭亚那、美国等国家和地区的30多位侨领、100多位人和侨胞参加活动，感受新时代人和儿女踔厉奋发、奋楫争先的风采。

出生于人和镇南方村的苏锐辉即是现场中的一员，他少时随父辈出国经营开拓，如今担任圭亚那中华会馆会长。2024年端午，他特意回到家乡参加"蚌湖景"龙舟竞渡活动，讲到龙船饭，他最想吃的就是香芋扣肉，"我们从小在流溪河边长大，扒龙舟是刻在人和人骨子里的运动，扒龙舟很累也很开心，那种齐心协力，奋勇争先的龙舟精神，一直激励着我们在海外拼搏。"

在苏锐辉看来，龙舟承载着蚌湖与鸦岗的深厚情谊，也承载着自己及人和华侨的浓浓乡情。此次回乡，他感受到家乡的发展日新月异。今后，他将团结带领更多侨胞发扬中华优秀传统文化和支持家乡发展。

作为端午节最具代表性的习俗之一，赛龙舟承载着源远流长的中华文化，蕴含着勇往直前、同舟共济等精神品质，并在时代发展中焕发新的光彩。迈进新时代，新一代人和华侨华人正身体力行，以文化人，从文化传承中汲取中华民族血脉传承中奔涌的精神力量。

参考文献

安梁. 秘鲁早期华人移民研究综述（1849—1930）. 世界近现代史研究，2016：259—274.

白云区鸦湖乡华侨幸福会. 百年侨梦. 香港：国际炎黄文化出版社，2016.

潮龙起，邓玉柱. 广东侨乡研究三十年：1978—2008. 华侨华人历史研究，2009（2）：61—71.

陈达. 南洋华侨与闽粤社会. 北京：商务印书馆，2011.

陈建华. 广州市文物普查汇编·白云区卷. 广州：广州出版社，2008.

陈淑娴.【云山记忆】曾为人和最繁华的商贸区，这个百年圩市，你去过吗. [2024-10-10]https://mp.weixin.qq.com/s/pKKogFYjLDYuq9GPUbKRJg.

董珍祥，张晓彤. 建党百年来侨胞的贡献和作用. 侨务工作研究，2022（4）：50—51.

龚伯洪. 广府华侨华人史. 广州：广东高等教育出版社，2003.

谷帅召. 清末民国时期的台山华侨与侨乡教育. 五邑大学学报（社会科学版），2016（2）：6—11.

广州市白云区蚌湖镇地方志编写组. 广州市白云区蚌湖志. 内部资料，1995.

广州市白云区地方志编纂委员会. 广州市白云区志. 广州：广东人民出版社，2001.

广州市白云区侨务办公室，广州市白云区归国华侨联合会. 白云区华侨港澳志. 内部资料，2000.

广州市白云区人和镇政府. 广州市白云区人和镇志. 内部资料，1997.

广州市地名委员会，《广州市地名志》编纂委员会. 广州市地名志. 香港：香港大道文化有限公司，1989.

胡庆亮. 论华侨华人与广东文化的海外传播. 广东省社会主义学院学报，2011（1）：27—31.

黄小用. 晚清华侨政策研究. 湖南师范大学博士学位论文，2003.

赖瑛. 试比较广东侨乡近代建筑审美文化特征. 南方文物，2005（2）：52—57.

李春辉，杨生茂. 美洲华侨华人史. 北京：东方出版社，1990.

李高霞. 民国时期华侨华人对广州教育事业的贡献. 广州大学硕士学位论文，2011.

李云. 华侨华人在广州兴办教育探讨. 教育评论，2013（5）：135—137.

林海，徐淑颐，石建华. 百年善行 俊德流芳——蚌湖保安和走过110年峥嵘岁月. 穗郊侨讯，2022（1）：42—49.

林海. 【百年侨团】鸦湖乡华侨幸福会：百年宏愿 追梦幸福. [2024-10-10]https://mp.weixin.qq.com/s/qgoX1dwcfFYhqpFVl-bbYg.

林海. 戴宗汉：秘鲁功臣 白云之光. 穗郊侨讯，2022（3）：47—51.

林林. 发挥华侨华人在建设中华民族现代文明中的积极作用. 福建日报，2023-11-21，第10版.

刘进. 追寻沉默的美国铁路华工——以中国近现代广东五邑侨乡文书为中心的探讨. 美国研究，2017（6）：73—89.

刘利. 论晚清时期的华侨教育. 暨南大学华文学院学报，2007（4）：1—7.

刘权. 广东华侨华人史. 广州：广东人民出版社，2002.

刘正刚．清代广东华侨会馆在海外分布析．岭南文史，2004（4）：57—60．

吕伟雄．龙腾四海 侨团百年．香港：香港社会科学出版社有限公司，2007．

梅伟强，张国雄．五邑华侨华人史．广州：广东高等教育出版社，2001．

南雄县地方志编纂委员会．南雄县志．广州：广东人民出版社，1991．

茹明定，李生秀，刘辉，等．秘鲁的农业生产和农业科学研究．干旱地区农业研究，1994（4）：120—121．

司徒杰．广州与华侨文化．广州：广州文化出版社，1989．

唐孝祥．近代岭南侨乡建筑的审美文化特征．新建筑，2002（5）：66—70．

田丰．岭南华侨文化与广东高水平开放．岭南文史，2023（3）：49—55．

王元林,邓敏锐．近代广东侨乡生活方式与社会风俗的变化——以潮汕和五邑为例．华侨华人历史研究，2005（4）：56—62．

吴凤斌．契约华工史．南昌：江西人民出版社，1988．

吴怡楠．广州白云区海外新移民研究——以人和、龙归为中心．暨南大学硕士学位论文，2023．

谢涛．改革开放初期广东落实侨务政策的历史考察．五邑大学学报(社会科学版)，2014（3）：1—6．

忻怿．中国学界就太平洋铁路华工议题相关研究成果评述．中山大学研究生学刊（社会科学版），2014（3）：1—9．

徐远通．发挥华侨文化在中国式现代化中的独特作用．岭南文史，2023（3）：56—61．

许桂灵．广东华侨文化在海外的传播．三门峡职业技术学院学报，2014（1）：66—70．

杨安尧．华工与秘鲁华人社会．华侨华人历史研究，2000(3)：47—53．

杨安尧．秘鲁华侨华人经济的变化和发展．八桂侨史，1994（1）：43—48.

杨黛清．【白云族记】曹氏：定居流溪福地七百余年，恪守宗规走向繁荣发展．[2024-10-10]https://www.by.gov.cn/gzjg/qwxcb/whcl/content/post_9890308.html.

杨黛清．蚌湖大钟楼——见证一段烽火爱国情．[2024-10-10]https://www.sohu.com/a/218057556_651795.

杨黛清．在人和镇，有一座老校门，80年来述说着一段家族重教往事．[2024-10-10]https://www.sohu.com/a/239485311_651795.

杨国标，刘汉标，杨安尧．美国华侨史．广州：广东高等教育出版社，1989.

杨汤城，丁身尊．新西兰华侨史．广州：广东人民出版社，2001.

叶枫红．谈谈广东和福建的侨乡建设．八桂侨史，1988（2）：1—8.

袁丁．节点城市与近代侨汇．东南亚纵横，2018（4）：3—11.

张春旺．习近平总书记关于侨务工作的重要论述之实践与理论渊源探析．华侨华人历史研究，2019（3）：1—7.

张春旺．中国共产党的侨务工作历程与新时代侨务工作探析．西北工业大学学报（社会科学版），2023（2）：76—84.

赵建光．广府华侨的家国情怀研究．华南理工大学硕士学位论文，2020.

郑民，梁初鸣．华侨华人史研究集（一）．北京：海洋出版社，1989.

周聿峨，曾品元．华侨华人与广东侨乡关系的思考．华侨华人历史研究，2001（1）：15—21.

庄国土．东南亚华侨华人数量的新估算[J]．厦门大学学报（哲学社会科学版），2009（3）：62—69.

庄国土．华侨华人与中国的关系．广州：广东高等教育出版社，2001.

庄国土．世界华侨华人数量和分布的历史变化．世界历史，2011（5）：4—14.

后 记

历时一年半,《四海同根》一书终于面世。本书力图通过白云人和华侨华人及人和侨乡的形成发展历程这一微观窗口,为读者呈现华侨华人筚路蓝缕、四海开拓、落地生根、开花结果的壮阔历程,全方位、多角度地展现白云人和作为广州知名侨乡的地域活力和文化魅力。

在本书的编创过程中,我们深为白云人和先侨那种不惧艰险、不怕苦难、勤劳上进、奋力开拓的精神气质所感动,深为数代白云人和华侨华人展现出来的敢为人先、爱国爱乡、团结互助、无私奉献的优秀品格所感动,这一段光荣而辉煌的历程不仅是值得流传的史话,更应该是值得弘扬的佳话。

本书的编创过程中参阅和吸收了部分国内外专家的相关优秀成果,还得到了暨南大学、广东省委党校等有关单位和专家的大力协助和支持,中国著名古文字专家、中山大学张振林教授欣然为本书题写书名。在此,我们向他们以及关心本书出版的各界人士表示衷心的感谢。

由于理论水平和相关学识有限,历史资料查询难度较大,编创过程中难免有不少疏漏和不当之处,恳请广大读者给予批评和指正。

编者
2024年11月